사회복지조사론

최성철 · 이창화

KNOWLEDGE COMMUNITY 공동체

머리말

사회복지조사론이란 무엇인가?

모든 학문에는 그 학문의 본질과 그 본질에 도달하는 방법이 있듯이 사회복지학에도 사회복지학문의 본질적 목적에 도달하고자 하는 방법으로서 사회복지조사방법론이 있다. 사회복지학의 본질적 목적이 모든 인류에게 인간다운 삶을 보장하는 사회를 만들어 가는 것이라면 사회복지조사론은 그 길로 가는 방법을 연구하는 것이다.

인간의 삶은 인종, 성, 연령, 종교 등에 따라 매우 다양한 특성을 가지고 있으며 정치적·사회적·경제적 조건들에도 많은 영향을 받고 있다. 인간다운 삶의 보장은 인간의 이런 다양한 특성과 조건들을 고려해야 하는데, 개별 구성원들의 삶의 만족과 행복을 최적의 상황에 도달하도록 성취하는 데 가장 적합한 방법을 탐구하는 것이 과학적 방법이다. 과학적 방법은 논리와 경험을 기초로 한 지식 축적의 과정을 일컫는다. 이러한 지식의 축적은 수많은 검증의 과정을 거쳐 일반화되고 이론화되어 사회복지실천의 중요한 지침으로 작용한다. 사회복지조사론은 이러한 지식의 축적과정을 반복함에 따라 사회복지학의 본질에 이르는 길을 찾아가는 것이다.

사회복지조사는 과학적 사회문제의 인식과 타당한 조사도구를 사용하여 사회복지현장의 문제를 탐색하고 예측하여 사회복지의 궁극적 목적을 달성하기 위한 수단으로 활용될 수 있어야 한다. 이에 사회복지현장에 바탕을 두고 사회복지조사를 공부하는 학생들에게 보다 쉽게 시작할 수 있도록 도움을 주기 위하여 이 책을 서술하였다.

이 책의 구성은 먼저 과학적 정의를 통하여 사회복지와 과학적 방법을 다루고 사회과학이론의 특징 및 발달사 그리고 사회복지조사연구에 대해 전체적인 내용을 설명한다. 다음으로 연구문제와 가설검증 그리고 조사설계를 다룬다. 특히 측정 및 척도를 중심으로 타당도와 신뢰도, 표본추출, 확률표집 및 비확률표집 등을 다루었다. 마지막으로 사회복지 조사연구의 응용에 관한 연구방법인 질문지 작성, 자료수집, 단일사례설계, 사회복지 욕구조사 및 평가조사, 보고서 작성 등 사회복지실천현장에 적용 가능한 응용조사방법을 소개하였다.

이 책이 세상의 빛을 보게 된 것은 많은 분들의 도움이 있었기에 가능하였다. 이 분야의 선배 연구자분들에게 진심으로 감사드린다. 그리고 참고문헌으로 활용할 수 있는 기회를 제공해 주신 모든 교수님과 연구자 분들께 감사드린다.

이 책에 대해 각별한 관심을 보여주시고, 촉박한 일정에도 불구하고 정성스럽게 교정해 주신 공동체 가족들에게 고마움을 전해드린다. 끝으로 지금의 저자들이 있기까지 사랑과 용기를 북돋워 준 가족들에게도 깊은 감사의 말을 전한다.

2023년 12월

공저자 일동

차례

■ 머리말 3

제1장 사회복지와 과학적 방법

1. 과학의 정의 11
2. 과학적 지식 12
3. 비과학적 탐구방법의 문제점 15

제2장 사회과학이론의 특징 및 발달사

1. 사회과학이론 19
2. 이론 형성의 방법체계 24
3. 과학이론의 발달사 27

제3장 사회복지조사연구

1. 조사연구 과정 35
2. 조사목적에 따른 분류 40
3. 시간적 차원에 따른 분류 41
4. 조사연구 분석단위 42

제4장 연구문제와 가설

1. 연구문제의 설정 47
2. 가설과 가설 검증 49
3. 가설의 구성요소 52

제5장 조사설계

1. 인과관계 추론조건 62
2. 조사설계의 타당도 64
3. 조사설계의 유형 73

제6장 측정 및 척도

1. 측정의 정의 87
2. 측정의 수준 89
3. 척 도 94
4. 측정의 오류 102
5. 타당도와 신뢰도 104

제7장 표본추출

1. 표본추출의 개념과 목적 117
2. 표본추출 관련 용어 119
3. 표본추출 절차 및 대표성 123
4. 확률표집 128
5. 비확률표집 134

제8장 질문지 작성

1. 질문지 작성의 원칙 142
2. 질문의 대상 및 범위 확정 143
3. 질문항목의 선정 143
4. 질문문항의 작성 145
5. 질문지 구성 150
6. 사전조사 157

제9장 자료수집

1. 질문지법 162
2. 면접조사 170
3. 질적 연구 184

제10장 단일사례설계

1. 단일사례설계 191
2. 사회사업에서 단일사례설계 193

제11장 욕구조사와 평가조사

1. 사회복지 욕구조사 198
2. 사회복지 평가조사 206

제12장 보고서 작성

1. 요 약 214
2. 서론 및 연구문제 215
3. 연구방법 215
4. 연구내용 215
5. 분석과 해석 215
6. 결 론 216

■ 참고문헌 217

CHAPTER

01 사회복지와 과학적 방법

1. 과학의 정의
2. 과학적 지식
3. 비과학적 탐구방법의 문제점

CHAPTER

01 사회복지와 과학적 방법

1. 과학의 정의

과학은 쉽게 정의내릴 수 없다. 일반인이나 저널리스트, 정책결정권자, 학자 그리고 과학자들은 과학을 각자 다른 방식으로 정의하고 다른 맥락에서 사용한다. 과학은 중요한 과제를 시사하기도 하고 정밀한 지식의 체계를 의미하거나 경험적 현상에 대한 객관적 탐구를 의미하기도 한다. 과학을 정의하는 데 제기되는 이런 차이는 일차적으로 과학 자체의 방법론과 과학의 내용을 잘못 구별하는 관행에서 출발한다. 과학은 고유한 자체의 특정 주제 문제를 갖지 않음에도 불구하고 우리는 현상에 관한 모든 연구를 과학으로 간주하지 않는다. 예컨대 점성술은 별자리와 인간의 여러 사건들을 연구하고 그들과 미래사건을 예측하는 것과의 관계를 확립하고자 한다. 그런데 점성술은 이런 목적과 활동들이 과학군(群)으로 인정되지 않는다. 유명한 대학이 점성학과를 설립하기로 결정하고 교수모집, 교육과정개발과 학위 등을 제공할지라도 점성술은 과학의 한 분야로서 자격을 부여받지 못할 것이다. 점성술을 과학으로 인정하지 않는 이유는 자체의 주제문제 때문이 아니라 오히려 점성술에 사용된 방법론이 비과학적인 것으로 여겨지기 때문이다(Frankfort-Nachmias & Nachmias, 1992 : 4).

또한 과학의 많은 내용은 현재 과학적인 것으로 간주되는 지식을 지속적으로 변화시키고 있다. 그리고 이 지식이 미래에는 비과학적인 지식이 될 수도 있다. 과학은 어떤 일반적이거나 특정한 지식체계가 아니다. 자체 방법론으로 인해 별개의 것이다. 이런 이유들 때문에 과학이라는 개념은 과학적 방법론의 수단으로 수집된 모든 지식을 의미하는 것으로 사용되기도 한다(Frankfort-Nachmias & Nachmias, 1992 : 4).

따라서 과학의 의미는 크게 두 가지로 사용되는데, 하나는 지식을 창조하는 체계를 의미하고 또 다른 하나는 그 체계에 의해 창출된 지식을 일컫는다. 후자는 정확히 과학적 지식을 일컫는 말이다(김환준, 2004 : 20). 앞으로 검토하게 될 과학에 대한 논의는 주로 사실을 발견하고 지식을 만들어 가는 방법, 즉 '지식을 창조하는 체계'들에 관한 것이다

2. 과학적 지식

과학(science)이라는 용어는 지식의 의미를 가지고 있는 라틴어 scire, "to know"에서 유래되었다. 과학(science)은 '과학적 방법(scientific method)'을 이용한 '지식체계(body of knowledge)'를 시스템적으로 구축하는 것을 의미한다. 따라서 모든 자연현상, 사회현상은 과학의 대상이 될 수 있다. 과학의 목적은 과학적 지식을 생성하는 것이다. 과학적 지식(scientific knowledge)은 일반화된 법칙이나 이론의 체계를 의미한다. 과학은 기술(description), 법칙의 발견(discovery of regularity), 이론과 법칙의 형성(formulation of theories and laws) 등의 활동을 통하여 우리가 우리를 둘러싸고 있는 제반 현상을 이해할 수 있도록 도와준다. 과학자는 사물의 현상을 정확성과 유용성이라는 각도에서 나아가 자신이 발견한 규칙성을 일반화시키려고 한다. 이처럼 과학은 사회현상과 자연현상에 대하여 설명할 수 있는 이론을 제시하는 것에 있다.

과학적 연구의 특성은 먼저, 논리적이다. 과학은 논리적(logical) 사고에 의존한다. 과학의 논리성이란 시간적 우선성에 의해 제한되며 인과관계가 지식체계 내에서 객관적 사실에 의해 뒷받침되어야 한다. 둘째, 결정론적인

(deterministic) 인과성이 있다. 과학에서는 모든 현상이 자연발생적이 아니라 어떤 앞선 원인에 의해서 발생하며 논리적으로 원인과 결과 관계로 이해될 수 있어야 함을 가정한다. 선행적 원인은 실험과 각종 방법을 써서 경험적으로 밝혀낼 수 있는 것이며, 인과성은 논리적으로 이해할 만하여야 한다. 셋째, 일반적인(general) 것을 추구한다. 일반적이라는 말은 과학이 개별적인 현상(event)들을 하나하나 설명하기보다는 그것들에 대한 일반적인 이해를 추구한다고 볼 수 있다. 넷째, 간결성(parsimonious)을 추구한다. 과학자들은 현상을 유형별로 분류하고 공통적인 요소를 찾아내어 일반적으로 이해하려고 하는 한편 현상을 설명하는 데 도움이 되지 않는 요소는 배제시킨다. 다섯째, 구체적(specific)이다. 과학자는 자신의 연구에 있어서 각 개념을 보다 구체적으로 정확히 정의해야 하는 개념의 조작화(operationalization)를 해야 한다. 여섯째, 경험적으로 검증 가능(empirically verifiable)하다. 과학적 연구의 결과는 경험적으로 검증 가능해야 하고 이를 위해 조사자는 이론이 반증(disconfirming) 되는 조건을 지적할 수 있어야 한다. 일곱째, 간주관성(inter-subjectivity)이다. 과학적 연구는 과학자들이 서로 다른 주관적 동기가 있어도 연구과정이 같으면 같은 결론을 얻어야 한다. 비록 연구자가 어느 정도 주관적 동기를 가지고 시작하더라도 연구과정이 같으면 연구결과는 같게 나타나야 한다는 것이다. 여덟째, 수정이 가능하다. 과학에서의 이론은 항상 새로운 이론으로 수정이 가능(open to modification)하다(Babbie, 1975; 채서일, 1997).

또한 과학은 이론을 제시함으로써 다음의 하위목적들을 달성하게 된다(김기원, 2001; 권육상 외, 2008 : 14).

1) 지식의 제공

과학은 존재하는 것(what is)에만 관심을 가지며 가치관의 문제를 다루지 않는다. 그렇게 하는 것이 바람직한가, 옳은가 하는 규범적 문제는 상관하지 않는다. 다만, 어떤 상태로 존재하며, 왜 그렇게 존재하며 어떻게 될 것인가에 대한 지식을 제공한다. 모든 사람이 동의할 수 있는 분명한 기준이 있을 때 어떤 상태가 존재해야 한다고 말한다. 즉, 과학은 이론을 연구의 대상으로 하는 것이지 가치관이나 철학적 주장을 연구의 대상으로 하는 것이 아니다.

2) 규칙성의 일반화

자연현상이나 사회현상 속에 존재하는 논리적이고 지속적인 패턴, 즉 반복적인 검증절차를 거친 규칙을 일반화한다. 과학은 발견된 규칙성을 이론과 법칙으로 일반화시킨다. 이러한 과정에서 과학은 객관성(objectivity)을 가져야 한다. 여기서 객관성이란 다른 목적과 다른 시각, 다른 주관을 가지더라도 동일한 과정을 밟을 경우 동일한 결과를 경험한다는 간주관성(inter-subjectivity)에 가까운 의미이다.

3) 변수들 간의 관계 기술

연구대상에는 다수의 변수가 있으며 과학은 이러한 변수들 사이의 관계를 설명하는, 즉 그 현상이 왜 발생하는지를 밝히는 진술(statement)이며 진술을 위해서는 논리적으로 타당한 객관적 근거를 제시하기 위한 변수들 사이의 인과관계(causality)를 밝혀야 한다.

4) 이론을 바탕으로 한 미래상태의 예측

과학이란 관심의 대상이 되는 경험적 사건이나 형태를 모두 포괄하여 설명할 수 있는 일반법칙을 개발하고 개별적으로 알려진 사건들에 관한 지식을 결합하여 사건에 대해 신뢰성 있는 예측을 하는 것이다. 예측이란 관찰에 의해 입증될 수 있는 미래사회적 형태의 특정한 측면에 관한 예상이나 기대의 진술을 뜻한다.

3. 비과학적 탐구방법의 문제점

앞에서 살펴본 과학적 지식의 조건들은 다음과 같은 장애 요소로 인해 객관성을 제약받게 된다.

1) 부정확한 관찰

모든 지식탐구의 출발점은 관찰(observation)에서 시작한다. 우리는 먼저 관찰하지 않고는 어떤 것도 이해할 수 없다. 이처럼 관찰은 중요하지만, 많은 경우에 우리의 관찰은 정확하지 않다. 예를 들면, 어제 만난 클라이언트가 입고 있던 옷의 색깔이 무엇인지를 정확히 기억하지 못할 수 있다. 일상생활에서 우리의 일상적인 관찰은 이렇게 부정확할 가능성이 있다.

2) 지나친 일반화

우리는 흔히 우리 주위에서 관찰한 몇 가지 현상들이 일정한 패턴(pattern)을 보이면 그러한 현상을 일반적인 것으로 간주하려는 경향이 있다. 이러한 경향은 특히 특정의 가치나 이념이 강한 사람들 사이에서 두드러진다.

예를 들면, 우리 주위에 국민기초생활보장제도 수급자인 몇 사람들이 고급(?) 승용차를 몰고 다니는 것을 관찰한 근거로 마치 모든 수급자들이 그러한 것처럼 일반화하여, 국민기초생활보장제도 수급자들을 모두 부정 수급자로 매도하는 것이다. 이러한 경향은 대개 국민기초생활보장제도를 이념적으로 반대하는 사람들 사이에서 특히 강하게 나타난다. 그래서 이러한 지나친 일반화로 그 제도를 폐지하라고 주장하는 것이다.

과학적인 지식탐구방법에서는 이러한 지나친 일반화를 피하기 위하여 통계적으로 충분한 숫자의 관찰을 하고, 또한 반복 관찰(replication observation)을 한다. 그리고 이러한 반복 관찰에 근거한 연구를 통하여 동일한 결과가 매번 나타나는지를 알아보는 것이다.

3) 선택적 관찰

지나친 일반화로 인하여 발생하는 문제 가운데 하나는 이것을 통하여 사람들로 하여금 선택적인 관찰을 하게 한다는 것이다. 일단 우리들은 어떤 현상이 특정의 패턴이 있고 여기에는 특정의 원인이 있다고 결론을 내리면 그러한 결론과 일치한 사건에만 관심을 기울이고 일치하지 않는 것에는 주의를 기울이지 않는 경향이 있다. 예를 들면, 가난한 사람들은 게으르다고 평소에 생각하는 사람들은 부지런하지만 가난한 사람들을 모두 게으르다고 동일시하여 무시하는 경향을 보이는 것이다.

4) 고정관념

많은 사람들은 일정한 형태의 고정관념을 가지고 있다. 그래서 어떤 현상에 대한 관찰이 평소에 가지고 있던 고정관념과 다를 때 객관적인 관찰이 방해받게 된다. 예를 들면, 특정한 사회복지실천모델의 효과성에 대하여 강한 집착을 보이는 사회복지사들은 만일 그 모델을 클라이언트에게 적용했는데 결과가 만족스럽지 못할 때, 대개 그 모델의 효과성에 대하여 회의를 하기보다는 클라이언트가 동기화가 안 되었다는 등의 다른 이유에서 원인을 찾으려고 하는 경향이 있다. 이에 반해 과학적 방법에서는 왜 그 모델이 실패했는가의 이유를 과학적으로 규명한 후에 최종 결론을 내린다는 면에서 다른 것이다.

5) 비논리적 근거

일상생활에서 때때로 논리적 근거 없이 판단을 내리는 경우가 있다. 특히 어떤 것에 대하여 평소에 생각하고 있는 관점과 상반되는 일이 발생했을 때 그것이 왜 그러한지를 논리적으로 따지려고 하지 않고, 그것을 예외적인 것으로 단순히 치부하는 비논리적인 모습을 보이는 경향이 있다. 과학적 방법에서는 이 경우에 그것이 왜 그러한지를 의식적인 그리고 명백한 논리를 바탕으로 과학적으로 알아내는 것이다.

CHAPTER

02

사회과학이론의 특징 및 발달사

1. 사회과학이론
2. 이론 형성의 방법체계
3. 과학이론의 발달사

CHAPTER

02 사회과학이론의 특징 및 발달사

1. 사회과학이론

사회과학의 과학성 추구는 자연과학과 비교할 경우 상대적으로 여러 가지 제약이 있다. 그럼에도 사회과학자들은 사회현상을 유형화하고 규칙성을 발견하여 서로 연결시켜 일반적인 법칙이나 이론으로 생성하고 발전시키고자 한다.

컬링거(F. N. Kerlinger)에 의하면 과학의 목적은 사물과 현상을 이해, 기술, 설명하면서 미래를 예측하고, 예측한 결과가 바람직하지 못할 때는 처방을 제시하여 바람직한 결과가 되도록 미래를 통제할 수 있게 도와주는 것이라고 했다.

사회과학이론의 기능적인 특성을 보면 일반적으로 세 가지로 요약된다. 첫째, 이론은 경험적인 조사연구에 대한 기본적인 토대를 제공해 준다. 둘째, 이론은 설명하고 예측하는 것을 그 근본적인 목적으로 삼는다. 셋째, 이론은 과학적 지식을 간단명료하게 표시해 줄 뿐만 아니라 과학적 지식의 근원으로서 불확실한 명제, 가설 등에 대해 판단의 기준이 되기도 한다.

이처럼 이론은 논리적으로 연결된 일련의 명제로 많은 사회현상을 단순화하여 설명하거나, 사회현상에 내재하고 있는 규칙성을 밝히는 것이다. 이론은 설명을 위해 명제나 내적 일관성을 지닌 개념들을 사용하는데, 이것들이 이론을 구성하는 기본 요소로 다음과 같은 개념, 변수, 서술, 패러다임, 유형, 이론적 체계 및 모델 등이 사용되고 있다(Rubin & Babbie, 2001 : 32).

1) 개 념

개념(concept)은 경험적으로 인지할 수 있는 어떤 대상이나 현상을 대변하는 것이다. 개념은 용어, 단어 혹은 상징으로도 표현되며, 서로 다른 개체들이 가지고 있는 공통성을 나타내는 것이다(김영종, 2007 : 40). 개념은 대상, 대상의 특징, 특정 현상 등을 약속된 언어로 나타낸 추상적 표현으로서 가설과 이론의 기본 구성요소가 된다(양정하 외, 2006 : 31).

즉, 개념은 구체적 사물이나 현상 그 자체가 아니라 그러한 것들을 추상적, 상징적으로 표현하는 관념적 구성물이다. 사람, 회사, 차와 같은 객체들은 개념이 아니지만 그것들과 포괄적이며 공통적인 특성이나 행동과 같은 것을 개념으로 볼 수 있다. 예를 들어, 이민에 대한 개인의 태도, 혁신을 위한 기업의 능력, 자동차의 무게와 같은 것이다.

개념들은(김태성 외, 2006 : 34-36) 분류(classification)와 일반화(generalization)를 위한 수단이라는 점이다. 과학자들의 주된 역할 가운데 하나는 사람들의 경험과 관찰을 개념을 통하여 분류하고, 구조화하고, 질서화하고, 일반화하는 것이다. 모든 현상은 어떻게 보면 모두 독특하고 다르다. 과학자들은 개념을 통해서 이러한 독특성은 무시하고 동일화할 수 있는 것이다. 즉, 개념화란 일반화를 의미하는 것이고, 일반화는 독특한 것을 동일한 것으로 간주하여 경험적 현상의 숫자를 줄이는 것이다.

예를 들면, 소주, 맥주, 양주, 청주, 매실주 등은 사용된 원료와 주조 방법 등에서 서로 다르다. 그러나 술이라는 개념을 통해서 소주, 맥주, 양주 등이 가지고 있는 세부적인 차이를 없어지게 만드는 것이다. 이러한 추상화와 일반화의 과정을 통하여 경험적 현상의 가장 중요한 본질적인 속성을 밝힐 수 있는 것이다.

2) 변 수

앞에서 논의되었듯이 변수(variable)는 개념의 경험적인 상대역으로 변수와 개념은 종종 구분되지 않고 쓰이기도 한다. 엄격하게 구분하자면 개념은 추상적인 것이며, 변수는 그것에 대한 일종의 조작화인 셈이다. 변수란 변이(vary)의 성질을 가진 개념이다. 변수는 둘 이상으로 구분되는 변수값(value) 혹은 속성을 가진다. 예를 들어, '대학 학년'이라는 변수는 '1', '2', '3', '4'학년이라는 속성을 가지고 이에 따른 변수 값을 가진다. 성(sex)의 변수는 남성과 여성이라는 속성으로 일반적으로 기준변수가 여성이라면 여성은 '1', 남성은 '2'의 값을 갖게 된다.

3) 서 술

서술(statement)은 개념과 변수들에 대해 기술하는 것이며, 정형화된 이론에는 다음과 같은 형태의 서술들이 포함되어 있다(김영종, 2007 : 42-43).

- 공리(axioms) : 이론의 기초가 되는 설명이다. 공리에 관련되는 서술은 증명을 요구하지 않는다. 대다수 사람들이 사실이라고 생각하는 규칙이나 원리이다.
- 명제(proposition) : 공리의 논리적인 토대에 기초해서 내리는 개념들의 관계에 대한 결론적인 설명이다. 명제 서술은 경험적인 검증을 요구하는데, 대개 가설을 이용한 간접적인 검증 방법을 사용한다. 즉, 법칙의 진술이면서 입증될 수 있는 방법에 관한 설명이다.
- 가설(hypothesis) : 명제로부터 유추되는 것으로, 경험적인 실재에 관한 구체화된 경험을 기술한 것이다. 만약 주어진 명제가 옳다면, 경험적으로 어떤 관계를 경험할 수 있는지를 서술하는 것이다.

4) 패러다임

루빈과 바비(A. Rubin & Babbie, E.)는 패러다임에 대하여 "패러다임은 삶을 바라보는 일반적 틀이다"라고 정의한다. 패러다임(paradigms)이란 개별이론들이 도출되기 위해 필요한 일종의 거시적인 관점을 말한다. 어떤 현상에 대한 구체적인 설명이나 이론을 만들기 이전에 사람들은 이미 어떤 식의 생각을 가지고 있다. 패러다임은 관점(perspectives)과 같은 의미로도 사용할 수 있다. 관점은 세계와 사회를 바라보는 기본 시각으로 사회과학에서는 실증주의, 비판주의, 해석주의 등이 있으며 이런 관점들에 여러 개의 이론들이 밀접한 연관성을 가지고 있다. 이러한 패러다임은 사회적 실재 및 인간의 본성에 대한 시각, 사회복지연구의 목적, 이론이란 무엇이며 과학적 방법은 어떠해야 하는가에 대한 정의, 사회문화적 가치관과 과학의 관계에 대한 생각에서 서로 다르다(김환준, 2004 : 42).

5) 유 형

이론은 다양한 유형(type)으로 분류될 수 있다. 이론이 다루는 관점의 차이에 따라 거시(macro) 혹은 미시(micro) 이론으로 나누기도 하고, 다루는 현상이 구조인지 과정인지에 따라 정적(static) 혹은 동적(dynamic) 이론으로 구분되기도 한다. 이 외에도 느슨하게 짜인 이론, 긴밀하게 짜인 이론 등과 같이 다양하게 구분해 볼 수 있다.

6) 이론적 체계

개념적인 틀 혹은 도식(scheme)이 사유, 논리, 조사 등을 통해 잘 개발될 때 이를 '이론'이라 할 수 있다. 이론적 체계(theoretical system)는 분류들과 개념적 틀이 모여서 구성되어 있으며, 여기에서는 개별개념이나 개념들 간의 관계에 대한 묘사, 설명, 예측 등이 체계적인 형태로 나타난다. 이렇게 될 때 이론은 경험적으로 적용될 수 있고 어느 정도의 일반화를 가능하게 한다. 요컨대, 하나의 이론적 체계라 함은 경험적 현상에 대한 완전한 설명을 위한 하나의 구조를 제공하는 것이다. 사회를 분석하는 대표적인 이론적 체계는 구조기능주의이론과 갈등이론이 있다.

7) 모 델

모델(models)은 현실에 대한 모방 혹은 추상화된 요약으로서, 현실에 대한 우리의 관점을 정리하고 단순화시켜 주는 기능을 갖는다. 다시 말해서 이론 그 자체는 아니지만, 이론의 수립을 돕는 작업이다. 이론의 기본적인 목적이 설명(explanation)이라면 모델은 현상을 표상화(presentation)하는 것이다. 예를 들면, 일기예보를 할 때 바람의 강도, 방향, 기온, 습도의 수치를 바탕으로 미래 기상 패턴을 예측하는 모델을 사용하기도 한다.

모델은 어떤 이론이나 현상들을 가능한 한 그대로 모방하거나 단순화함으로써 현실에 대한 우리의 관점을 정리해 주는 기능을 갖는다. 사회과학에서 모델은 이론과도 유사하게 사용된다.

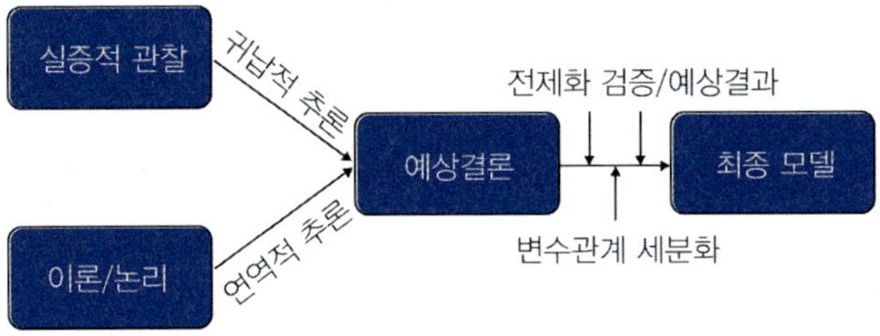

|그림 2-1| 모델을 만들기 위한 과정

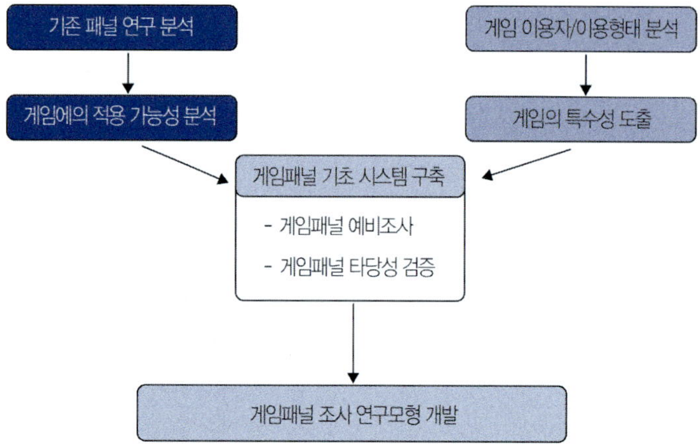

|그림 2-2| 게임패널 연구 예비조사의 연구모형

출처 : Kocca(2013). 게임이용자패널연구 예비조사.

2. 이론 형성의 방법체계

과학적 접근법의 논리적 체계는 크게 두 가지가 있는데, 그것은 특정한 사실로부터 일반적 원리를 이끌어 내는 귀납적 방법과 일반적 원리를 특수한 사실에 적용하는 연역적 방법이다. 연역법과 귀납법의 관계에 있어서 연역적 추론이 논리적 필연성을 갖는다는 의미에서 중요하고, 내용의 공허성을 피하고 예측적 지식의 가치를 인정한다는 점에서 귀납적 논리도 함께 중요시하여야 할 것이다(양정하 외, 2006 : 24-25).

1) 연역적 방법

연역적 방법을 사용하는 연구자는 기존의 이론이나 일반적 원리를 이용하여 새로운 가설을 도출하고 이를 실증적으로 검증해 봄으로써 가설이 현상을 적절히 설명하고 있는지를 검증하게 된다(김범종, 1988 : 14). 따라서 연역법은 전통적인 방법으로 가설-조작화-관찰-검증이라는 과정을 거치게 된다. 연역법은 사건과 사건 사이의 필연적 관련성을 그 형식적 구조를 통하여 밝히는 추론을 통한 방법인 것이다. 그러므로 이 방법은 '전체에 대해서 참인 것은 부분에 관해서도 참이다'라는 법칙에 의거하여 보편적인 원리로부터 부분에 대한 지식을 이끌어 낸다. 즉, 일반적인 것(general)으로부터 특수한 것(specific)을 추론해 내는 방법인 것이다(양정하 외, 2006 : 24-25).

과정을 자세히 살펴보면 조사자가 이론으로 시작해서 검증하기 위해 그것으로부터 하나 이상의 가설을 도출한다. 다음으로 조사자는 각각의 가설에 변수를 설정하고 측정할 수 있도록 구체적이고 관찰이 가능한 항목들을 이용하여 조작적 정의를 내린다. 마지막 단계에서 조사자는 구체화된 측정을 실행해서 상황이 실제로 존재하는 방식을 관찰하고 관찰치들이 가설을 확증하는지 확증하지 못하는지를 보는 것이다(Rubin & Babbie, 2001 : 58). 때로는 이 마지막 단계는 실험을 하거나 인터뷰, 또는 방문과 관심주제를 관찰(watching)한다.

연역적 논리의 삼단논법은 다음과 같다.

'모든 사람들은 죽는다'(일반화된, 설명, 논리, 이론), '소크라테스는 사람이다'(조작화), '그러므로 소크라테스는 죽는다'(관찰, 경험). 이러한 논법들이 '이론'이고, 이러한 '이론'들이 맞는가를 확인하기 위해서 소크라테스가 죽는다는 것을 경험적으로 관찰하는 것이다.

또한 소득과 교육수준, 성적과 공부시간 등의 연구에서 연역적 방법은 관심주제와 관련된 이론들로부터 가설을 세운다. 예컨대, '교육수준이 높으면 소득이 높아질 것이다', '공부시간이 많으면 성적이 높아질 것이다' 등의 가설을 세워 상관관계를 관찰한다. 관찰을 통해 제시한 가설이 참인가를 검증한다. 가설이 관찰에 의해 지지되면 '교육수준이 높으면 소득수준도 높아진다', '공부시간이 많으면 성적이 높아진다'는 결론을 내려 이론이 확정된다. 상관관계와 인과관계에 대해서는 이후에 자세하게 다룰 것이다. 이러한 연역적 방법은 실증주의에서 추구하고 있는 방법이다.

2) 귀납적 방법

귀납적 방법을 사용하는 연구자는 관찰된 자료를 통하여 현상 속에 내재하고 있는 원리를 찾아내고 이를 실제 현상에서 검증해 봄으로써 이를 확인하는 과정을 거치게 된다. 따라서 현상과 관련된 요소들을 규명하고 이들 간의 관계를 파악하는 과정이 포함된다(김범종, 1988 : 14). 따라서 귀납법은 특수한 사실을 전제로 하여 일반적인 또는 원리로서 결론을 내리는 방법인 것이다. 즉, 관찰자가 관찰한 사실을 설명하기 위해 이론을 형성해 가는 과정을 말한다. 앞의 예를 통해서 다른 사람들이 죽는 것을 사례별로 관찰한 후 '소크라테스도 사람이기 때문에 죽는다'는 이론을 만드는 것이다. 즉, 관찰로부터 시작하여 일정한 패턴을 찾는다. 일정한 패턴을 발견한 후 '교육수준이 높으면 소득수준도 높아진다', '공부시간이 많으면 성적이 높아진다'는 이론이 확립된다.

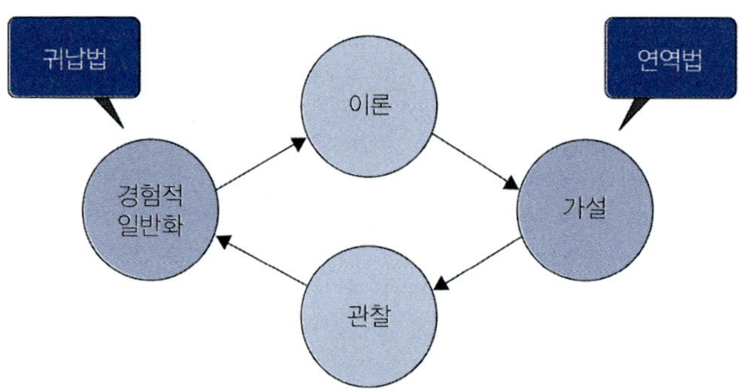

|그림 2-3| 귀납법과 연역법의 순환적 관계

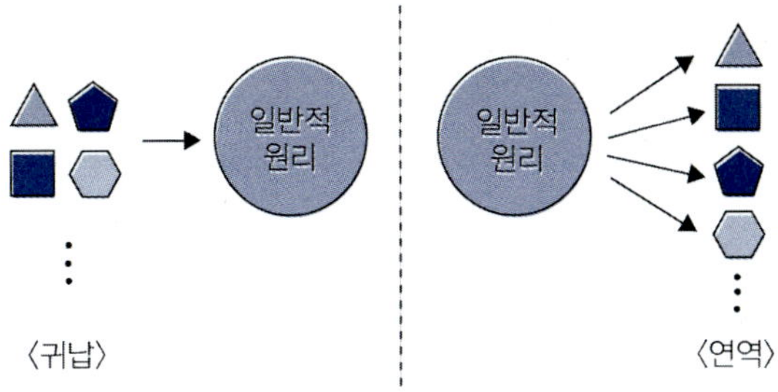

|그림 2-4| 추론방식의 귀납과 확인하는 추론인 연역 비교

출처 : 한겨레(2009. 7. 5). http://www.hani.co.kr/arti/society/schooling/364003.html

3. 과학이론의 발달사

사회과학을 탐구하는 데 있어서 주도적인 과학적 연구법으로 귀납주의와 연역주의가 있다. 귀납법은 경험적 사실을 바탕으로 논리를 이끌어 내는 방법으로 경험주의·실증주의와 관련이 있다. 그리고 또 하나의 연구법인 연역법은 합리주의·이성주의와 밀접한 관련이 있다.

자연세계를 바라보는 시각과 사회를 바라보는 시각을 두고 전개되는 일련의 논쟁은 사회복지학 연구방법에도 상당한 영향을 미치고 있다.

이러한 연구법은 세계와 사회를 바라보는 기본 시각으로 이런 관점들에 여러 개의 이론들이 밀접한 연관성을 가지고 있으며 이러한 기본 시각은 패러다임이 무엇인가 하는 문제로 통상 과학의 개념을 규정하기 위해서 필요할 뿐만 아니라, 중요한 개념이다.

패러다임이라는 용어는 쿤의 『과학혁명의 구조』라는 책에서 사용되었으며 패러다임은 한 연구 분야에 대한 과학적 연구를 가능하게 하는 일정한 지배적 이론 또는 접근적 방법이 일관성 있게 정립되어 그 분야의 연구 문제 해결을 위해 조직화하고 방향을 제시해 주는 준거 또는 모형이다. 패러다임의 전환은 과학 활동에서 새로운 개념과 이론이 객관적 관찰을 통해서 형성되기보다는 연구자 집단이 받아들이는 과정에서 형성되는 것으로, 즉 과학의 역사는 연구자들의 객관적 관찰에 의한 진리의 축적에 따른 점진적 진보가 아니라 공동체 구성원들이 공유하는 믿음, 가치, 기법 등의 총체로서의 새로운 패러다임의 등장을 통해 과학이 발전한다고 보았다.[1)]

따라서 우리는 사회복지학을 연구하는 실천적 관점에서 다양한 검토와 지식적 기반을 갖도록 요구받고 있다.

1) 실증주의 접근방법

실증주의는 19세기 초 사회학의 발전에 선구적 역할을 했던 콩트(Auguste Comte), 뒤르켐(Emile Durkheim), 밀(John Stuart Mill) 등에 의해 체계화되었으며, 오늘날 사회과학의 주류적 위치에 있는 패러다임이다. 때로 논리경험주의, 후기실증주의, 자연주의, 행동주의, 또는 법칙발견모델 등으로 불리기도 하며, 사회학의 구조기능주의이론, 경제학의 합리적 선택이론, 심리학의 행동주의이론, 그리고 교환이론 등 사회과학의 주요 이론들을 뒷받침하고 있다. 실증주의는 사회적 '실재'가 존재한다고 믿는다. 사회현상은 우연히 일어나는 것이 아니라 일정한 질서와 규칙에 의해 일어나며, 이러한 질서와 규칙성은 인간이 과학을 통해 발견하기 이전에 이미 객관적으로 존재하고 있고 시대와 사회에 따라 크게 달라지는 것이 아니다. 사회과학의 목적은 이렇게 이미 존재하는 사회적 실재를 객관적 방법으로 밝혀내는 것이 된다.

따라서 연구조사에서의 목적은 사회현상에 대한 경험적 관찰을 토대로 시대와 사회에 관계없이 존재하는 불변의 진리와 법칙 및 모델을 찾아내고, 이를 다시 경험적 관찰을 통해서 재검증하는 것이다.

그러나 20세기 중반, 이러한 실증주의에 대한 회의가 일어나 실증주의가

1) 쿤 이론에 대한 반응은 자연과학 이외의 분야에서 더욱 열광적이었다. 당초 그의 이론에서의 혁명적 불연속성에 관한 발상은 정치, 문화, 음악, 미술 등의 역사로부터 영감을 얻었던 것인데, 이제 쿤의 발전 이론은 그들 분야로 되돌아가 지식의 변천에 관한 모델로 작용하게 된 것이다. 쿤 자신은 이러한 원용에 관련하여, 과학과 달리 다른 분야들은 단일 패러다임에 합의하며 비판 없이 세부적인 문제 풀이 활동을 수행하는 경우가 드물다는 근본적인 차이점을 지적한다(김명자 역, 2007 : 298-299).

과학을 직접적으로 검증할 수 있는 이론에 바탕을 둔 것에 대하여 후기실증주의는 보편적인 법칙을 먼저 구성하고 논리적 추론을 통해 실증적 현상을 설명하고자 하며 관찰과 측정이 순수하게 객관적일 수 없기에 잠재적인 비객관적 영향의 충격을 최소화시키려 노력하고 있다. 후기실증주의자는 과학을 확실한 것이 아니라고 보며, 더 확률적 의미에서 사회현상을 바라본다. 또한 파악하기 어려운 사회적 실제의 이해 노력을 양적 방법에만 의존하는 것의 한계를 인정하면서 질적 방법 또한 사용하기도 한다(성숙진 외 공역, 2001 : 67).

2) 해석주의 접근방법

실증주의는 19~20세기 사회과학을 지배하는 사조였으나, 이에 대해 비판적 의문을 제기하는 사람들이 점차적으로 늘어나고 있다. 20세기에 들어오면서 인문학의 영역에서는 하이데거, 니체, 사르트르 등에 의해 실존주의(externalism), 허무주의(nihilism), 무정부주의(anarchism) 등의 철학적 사고가 나타났다. 이러한 사조를 통칭하여 탈근대적 관점(postmodernism)이라고 부른다. 이 관점은 계몽운동 시기에 출발한 근대적 관점(modernism)의 기본적 전제와 믿음, 즉 인간의 합리성과 논리적 추론, 과학과 기술에 대한 신뢰, 그리고 인류의 미래와 진보에 대한 낙관 등을 거부한다. 대신 이들은 인간의 직관, 감정, 상상력, 그리고 개인의 경험들을 매우 중요한 것으로 간주하고 있다. 이러한 인문학적 사조와 맥락을 같이하여 사회과학에서도 해석주의(interpretivism)라는 실증주의를 대치할 만한 새로운 패러다임이 제시되었다. 19세기 말에서 20세기 초 베버(Max Weber), 딜타이(Wilhelm Dilthey) 등의 학자에 뿌리를 둔 이 사조는 인간을 연구대상으로 한다는 측면에서 사회과학과 인문학은 아무런 차이가 없다고 본다.

사회과학 연구의 궁극적 목적은 인간과 우리가 살고 있는 세계를 이해하고 해석하는 것으로, 즉 인간 행태의 인과관계를 논증하는 것이 아니라, 인간 행위의 의미를 이해하고 해석하는 것이라 보고 있다.

해석주의는 인간의 사회적 행동이 다른 사람에게 주는 의미를 해석하고 감정이입을 통해 다른 사람의 내면을 깊이 있게 이해하는 데 초점을 둔다. 해석주의 사회과학은 1920~1930년대 시카고학파의 상징적 상호작용주의(symbolic interactionism)의 기초가 되었다(김환준, 2004 : 44-45).

해석주의는 실증주의와 관찰에 대한 견해가 매우 다르다. 사람의 행동은 객관적으로 관찰될 수 없고 관찰자와 관찰 대상자가 서로 상호작용을 통해 구성되는 것으로 간주한다. 따라서 질적 연구에서는 연구자의 가치와 편향을 인정한다. 해석주의 연구자는 내적·주관적 토대에서 사람들이 어떻게 세상을 인지하고 경험하는지 발견하고 이해하는 데 더 관심을 가진다. 실증주의가 연역적 방법으로 연구하는 것에 반해 해석주의는 귀납적 연구방법으로 어떤 유형(patterns)을 발견한다. 주로 질적(qualitative) 연구방법을 통해서 이루어지며 연구대상은 소규모로 이루어지고 일반화에 초점을 두기보다는 구체적이고 상세한 내용을 기술하는 데 중점을 둔다. 대규모 표본추출을 통해서 계량분석을 하는 실증주의와 대조적이다. 주로 현장연구(field research), 참여관찰(participant observation), 민속학적 방법론(ethnomethodology)과 같은 질적 연구방법들이 여기에 포함된다.

3) 비판주의 접근방법

비판주의는 실증주의적 방법이 사회구조의 비인도적 측면을 간과하고 기존의 사회질서를 정당화하는 데 불과하다고 비판한다. 여기서 비판의 의미는 기존의 사상, 행위 그리고 사회적 조건들을 아무런 생각 없이 단순히 습관적으로 수용하는 데 만족하지 않는 지적 실천적 노력이다.

이에 따르면 사회과학연구는 실증주의가 주장하는 것처럼 가치관을 배제한 객관적인 것이 될 수 없으며, 필연적으로 정치적일 수밖에 없다. 또한 비판주의 시각에서는 사회적 행위의 주관적 측면을 중시하는데 해석주의 접근방법은 너무 상대적이어서 모든 시각, 행위, 가치가 다 옳다고 인정하는 결과를 초래하며, 사회구조를 적으로 바라보지 못하는 한계를 가지고 있다고 비판한다. 이 시각은 맑스(Karl Marx)로부터 시작하여 아도르노(Theodor Adorno), 프롬(Erich Fromm), 하버마스(Jurgen Habermas), 그리고 마르쿠제(Herbert Marcuse) 등의 학자로 이어졌으며, 정신분석학의 선구자인 프로이트(Sigmund Freud)도 이 범주로 분류할 수 있다. 변증법적 유물론(dialectical materialism)을 철학적 기반으로 하고, 계급분석(class analysis)을 강조하며, 구조주의(structuralism)라고 표현되기도 하는 비판주의 접근방법은 1930년대 독일 프랑크푸르트학파의 기반이 되었으며, 구조기능주의에 대치되는 사회학의 주요 이론인 갈등주의이론과 여권주의이론 및 급진적 심리치료이론 등과 관련을 맺고 있다(김환준, 2004 : 48-49).

실증주의가 연구자의 연구결과 해석에서 정치적 혹은 이념적 가치의 영향을 최소화하고 중립적 사실에 입각한 방식으로 해석하려는 것에 반해 비판주의는 힘의 부여와 옹호 목적이라는 필터를 통해 연구결과를 해석하고자 한다. 힘 부여(empowerment) 패러다임 또는 옹호 패러다임으로 부르기도 한다. 억압에 대한 초점과 사실추구보다는 억압된 집단에게 힘을 부여하기 위해 연구를 사용한다는 방침이다(성숙진 외, 2001 : 67). 클라이언트에게 힘을 실어주는 전략으로 ① 클라이언트가 사실에 대해 스스로 판단하게 할 것, ② 클라이언트를 신뢰할 것, ③ 클라이언트가 무엇을 원하는가를 파악할 것, ④ 클라이언트 개개인의 고유성과 독창성을 인정할 것, ⑤ 클라이언트의 입장과 시각을 가질 것, ⑥ 클라이언트와 함께 상황을 판단하고 평가할 것, ⑦ 클라이언트를 비난하지 말 것, ⑧ 좋고 나쁨에 대한 평가는 하되 클라이언트를 진단하여 하지 말 것, ⑨ 인간의 행동을 단순한 원인-결과의 관계로 파악하려 하지 말 것, ⑩ 다차원적 접근방법을 사용할 것 등을 제시하고 있다(Cowger & Snively, 2002; 김환준, 2004 : 50). 힘 부여의 목적을 향해 이 패러다임에 전념하는 연구자는 양적 또는 질적 절차, 개별사례적 또는 보편법칙적 접근법 또는 다른 패러다임에서 선택된 요소를 사용할 수 있다(성숙진 외, 2001 : 67).

앞에서 살펴본 세 가지의 패러다임 외에도 최근에 나타난 여권주의(feminism), 탈근대주의(postmodernism)가 있다. 이런 패러다임들은 과학철학의 근본적 주제들, 즉 사회적 실재의 여부와 인식론에 대한 입장이 서로 다르며 이에 따른 과학의 본질과 방법론에 대한 견해도 다르게 가지고 있다.

한편 이러한 다양한 패러다임들이 사회복지에 주는 함의는 무엇인가(김환준, 2004 : 51-52). 첫째, 사회복지 연구조사를 행하는 방법은 여러 가지가 있을 수 있다는 것이다. 19세기 이후 실증주의가 사회과학연구에서 주도적인 위치를 점하면서 실증주의적 접근방법에 의하지 않은 연구방법은 마치 비과학적인 것으로 인식되는 경향마저 있었다. 실증주의만이 유일하게 올바른 과학적 패러다임이며 다른 접근방법은 과학이 아니라고 폄하하는 것은 적절하지 못하다. 실증주의, 해석주의, 비판주의는 비록 여러 측면에서 차이가 있지만 모두 다 체계적이고, 논리적이며, 사회적·역사적 사실을 바탕으로 하고 연구자 혼자만의 의견이 아니라 다른 연구자와 사회과학의 검증을 받는 한편, 이론이 지속적으로 수정, 발전된다는 점 등에서 공통의 속성을 가지고 있다. 즉, 과학의 특성을 가지고 있다는 것이다.

둘째, 어떠한 접근방법을 선택할 것인가 하는 문제는 연구의 목적 또는 연구의 주제 등과 밀접한 관련을 맺고 있다. 어떠한 법칙을 발견하여 사회현상이 발생하는 원인을 설명하려는 목적을 가진 연구에서는 주로 실증주의적 접근방법을 취하며, 해석주의적 접근방법은 사회현상을 탐색적으로 서술하려는 목적에, 그리고 비판주의적 접근방법은 사회변화를 위한 행동지향적 연구에 각각 적합하다고 할 수 있다.

끝으로 구체적으로 어떠한 연구방법을 사용하였는가를 살펴보면 그 연구가 어떤 패러다임에 기초하고 있는가를 알 수 있게 되고, 이는 연구의 내용을 보다 잘 이해하는 데 도움을 줄 수 있다. 즉, 연구목적에서 어떠한 접근방법을 선택하는가에 따라 연구설계의 세부적 과정이 달라진다.

CHAPTER

03 사회복지 조사연구

1. 조사연구 과정
2. 조사목적에 따른 분류
3. 시간적 차원에 따른 분류
4. 조사연구 분석단위

CHAPTER

03 사회복지조사연구

사회복지조사는 개인의 욕구를 충족시키고 행복을 증진시키며, 사회적 문제를 해결하기 위한 방안을 강구함에 있어 직면하는 문제에 대한 해답을 구하는 데 도움을 주는 자료를 수집하는 지식탐구 절차를 말한다. 때로는 사회복지 이론과 관련된 이슈의 해답을 구하기 위해 사회복지조사가 수행된다(김기원, 2001 : 51).

사회복지 조사연구는 연구의 목적과 시간적 차원 및 이용되는 자료의 특성 등에 따라 다양하게 분류될 수 있다. 조사연구는 그 연구의 형태에 따라서 다양한 방법으로 설계하는 것이 가능하며 조사의 목적에 따라 탐색적 조사, 기술적 조사, 설명적 조사로 구분할 수 있으며 시간적 차원에 따라 횡단조사, 종단조사 등으로 분류된다.

1. 조사연구 과정

사회복지조사연구 과정은 일반적으로 문제(problem)설정, 가설(hypothesis), 조사설계(research design), 측정(measurement), 자료수집(data collection), 자료분석(data analysis) 그리고 보고서 작성의 일곱 단계로 구성된다(Nachmias & Nachmias, 1992 : 21-23).

1) 문제설정

모든 조사는 연구문제(research problem)의 설정에서 시작한다. 연구문제란 과학적인 탐구의 방법으로 답을 구할 수 있는 그리고 지적으로 자극을 유발하는 문제라고 할 수 있다(김태성 외, 2006 : 61). 가급적 사회복지와 관련된 분야에서 연구의 주제를 잡는 것이 필요하다. 빈곤문제, 범죄·청소년 비행문제, 가족문제, 보건·의료문제, 알코올 남용과 약물중독, 실업문제, 노동문제, 농촌문제 등 연구주제는 우리 사회의 사회문제에 착안하면 다양하게 찾아낼 수 있다. 이 단계에서는 연구문제가 주어지고 개념들이 주어지면 개념적·조작적 정의를 통해 개념들이 구체화되며, 가설, 분석단위, 변수 등이 등장하는 단계다. 이 단계에서는 기존 문헌을 참고하거나 자유로운 사유를 통해 아이디어를 갖는 것이 중요한 과업이 된다. 기술이라기보다는 생각과 고민이 요구되는 단계이며, 대부분의 연구에서 가장 중요한 단계이기도 하다. 이 과정을 성공적으로 추진하기 위해서는 선행연구에 대한 검토가 필요하다(김영종, 2007 : 55-56).

2) 가 설

가설(hypothesis)이란 연구문제에 대한 임시적(tentative)인 답이다. 예를 들면, '교육수준이 높아지면 빈곤 가능성이 줄어드는가?'가 연구문제라면 가설은 '교육수준이 높아지면 빈곤 가능성이 줄어든다'가 된다. 가설은 '독립변수와 종속변수의 관계가 어떠하다'는 형태로 표현된다. 이 예에서 교육수준이 독립변수이고 빈곤 가능성이 종속변수이며 이 두 변수의 관계는 부적인 관계로 표현된다(김태성 외, 2006 : 71).

3) 조사설계

조사설계(research design)는 연구문제와 가설이 결정된 후에 그 문제를 해결하기 위해 가장 적합한 논리적 설계는 무엇인지, 그에 따른 자료수집방법은 어떤 것이 좋을지 검토해 보고 선택하는 단계이다. 연구의 목적과 실행 가능성에 비추어서 적절한 디자인과 자료수집방법이 결정되어야 하는데, 크게는 양적 연구방법과 질적 연구방법으로 나누어진다.

양적 연구방법은 실험이나 비실험, 횡단연구나 종단연구 등의 다양한 디자인을 선택할 수 있고, 서베이나 관찰, 문헌 등을 통한 자료 수집이 가능하다(김영종, 2007 : 56). 조사상황과 조사문제를 구성하는 요인에 대해서 엄격한 통제를 강조한다. 인간행동에 대한 과학적 연구에 주로 이 접근을 적용시키며 실험적 방법을 통해서 입증하게 된다(양정하 외, 2006 : 62).

질적 연구방법은 인문학적 접근을 강조하며 조사 상황이 가지는 독특한 측면에 초점을 둔다(양정하 외, 2006 : 63). 디자인과 자료 수집이 특별히 구분되지는 않는데, 근거이론(grounded theory), 사례연구(case study), 민속지학(ethnography) 등의 방법에서 조금씩 다른 접근 양상을 나타낸다(김영종, 2007 : 56).

〈표 3-1〉 양적 연구와 질적 연구의 비교

양적 연구	질적 연구
이론적 근거 : 실증주의, 논리적 실증주의	이론적 근거 : 현상학, 해석학
결과 지향적(조사결과 중시)	과정 지향적(조사과정 중시)
가설과 이론의 검증이 목적	이론의 개발이 목적
연역적 방법의 사용	귀납적 방법의 사용
객관적 실재 가정	상호주관적, 구성된 실재 가정
인간행동의 규칙성, 안정성 중시	인간행동의 가변성, 역동성 중시
연구자와 연구대상 간의 거리 유지 (연구자는 비관여적, 객관적)	연구자와 연구대상 간에 밀접한 관계 유지
조사결과의 일반화 가능	조사결과의 일반화 곤란
외부로부터의 설명(외부자적 관점)	내부로부터의 이해(내부자적 관점)
정형화된 척도 사용	연구자의 준거틀 사용
가치중립적	가치개입적
질문지, 실험, 구조화된 면접과 관찰	심층면접, 참여관찰, 문서연구
통계를 사용한 양적 분석	해석적, 서술적 분석

확률표본추출 사용	비확률표본추출 사용
표본추출 크기가 큼	표본추출 크기가 작음

출처 : 양정하 외(2006), p. 63.

4) 측 정

측정(measurement)은 연구문제와 가설에 포함된 개념이나 변수들을 개념화와 조작화를 통해 경험 가능한 것으로 치환하는 작업이다. 예를 들어, 빈곤이 연구의 주요 개념이 되었다면, 빈곤이란 무엇을 말하는 것이고(개념화), 어떤 사실들을 관찰하면 그것이 파악될 수 있는지(조작화)를 결정하는 것이다. 단순 분류에서 완전한 수량화에 이르기까지 현상을 다양한 단계로 측정하는 것이 가능하다. 양적 연구와 질적 연구는 측정에서 가장 큰 견해의 대립을 보인다. 양적 연구는 현상에 대한 객관적인 측정의 가능성을 믿고, 그 측정의 결과를 각종 분석에 적극적으로 활용한다. 반면 질적 연구에서는 측정 결과의 활용에는 관심이 없고, 오히려 측정 과정 자체의 주관성과 맥락 등의 문제를 중시하는 경향이 있다(양정하 외, 2006 : 56). 앞에서 지적했듯이 실증주의와 해석주의, 비판주의에 따라 연구방법이 확연히 구분되고 측정에 대한 태도 역시 상당한 차이를 보이고 있다.

5) 자료수집

자료수집(data collection)은 연구설계에서 결정한 자료수집의 방법에 따라 관찰한 자료를 직접 수집하는 단계로서 조사방법에 따라 다양하다. 자료수집은 크게 1차적 자료수집과 2차적 자료수집으로 구분할 수 있다. 1차적 자료수집은 조사자가 직접 자료를 수집하는 것으로, 주로 실험, 관찰, 면접, 설문지 등을 통해 수집하게 된다. 2차적 자료수집은 이미 다른 연구자가 수집한 자료나 기존의 자료를 활용하는 것이다.

6) 자료분석

자료가 수집된 이후에는 조사설계 과정에 따라 수집된 자료를 요약, 분류 또는 조직화하게 된다. 자료분석(analyzing the data)은 수집된 자료를 관찰하는 것으로 시작하는 논리적인 과정이다(황성동, 2007 : 63).

자료분석이 끝나면 결과에 대해 해석이 이루어져야 한다. 해석은 연구문제에 대한 조사연구의 결론과 함의를 내리는 것이다. 양적 조사연구에서는 자료의 수집과 분석의 결과를 통해 연구문제에서 도출된 명제가 참인지 거짓인지 판단한다. 결과에 대한 일반화가 가능한지의 여부, 방법론상의 한계를 인지해서 결론에 대한 한계 설정, 연구결과의 함의 도출과 그에 따른 실천적인 제언의 숙고 등과 같은 활동이 요구된다.

7) 보고서 작성

조사과정의 마지막 단계는 조사보고서를 작성하는 것이다. 이 조사결과보고서(report)는 조사의 시작부터 경험적 결론의 제시까지 조사연구의 전 과정을 일목요연하게 정리하는 것이다. 그리고 조사보고서는 연구의 결과뿐만 아니라 그 과정을 제시하여, 연구주제에 관심이 있거나 조사 결과가 필요한 사람에 대한 결과의 공유와 의사소통을 목적으로 한다. 일반적으로 조사보고서에 담겨야 할 내용으로는 다음 네 가지 사항이 있다(황성동, 2007 : 63).

- 문제의 제기 및 연구의 필요성(연구 질문과 가설)
- 조사방법에 대한 설명(조사설계, 변수, 측정도구, 자료수집방법 등)
- 연구결과 또는 연구로 밝혀진 사실
- 결과에 대한 논의, 연구의 제한점 및 후속 연구의 제안 등

2. 조사목적에 따른 분류

전체 조사과정 단계에서 초기에 명확히 할 필요가 있는 것이 조사의 목적이다. 왜냐하면 조사의 목적을 무엇으로 하느냐에 따라 이후 단계의 내용들이 결정되기 때문이다. 일반적으로 조사의 목적에 따라 탐색적 연구조사(exploratory research), 기술적 연구조사(descriptive research), 설명적 연구조사(explanatory research)로 나눌 수 있다.

1) 탐색적 조사

탐색 목적의 조사연구는 연구 문제에 대한 선행 지식이 희박할 때 수행된다. 연구에서 제기된 의문에 대해 마땅히 참고할 만한 기존 정보나 자료들이 없는 상태에서 수행되므로, 마치 길도 모른 채 수풀을 헤쳐 가며 거기에 무엇이 있는지를 살펴보는 것과 같은 방식으로 조사를 수행한다. 이런 목적의 조사연구에는 명제와 가설을 앞세운 연역적 방법이 적합하지 않다. 선행연구자료가 매우 적거나 없기 때문에 실천현장의 자료를 수집하고 분석해 들어가면서 가설을 세우는 귀납적인 방법이 부합된다.

2) 기술적 조사

기술 혹은 묘사 목적의 조사연구는 여론조사나 인구센서스 조사 등에서 전형적으로 나타난다. 여기서는 무엇이 어떻다는 것을 정확하게 기술하고 묘사하는 것에 중점을 둔다. 이 조사연구는 탐색적 조사연구보다 한 단계 더 발전된 수준의 지식을 개발할 수 있다. 적어도 무엇을 조사할지에 대해서는 미리 알고 연구를 시작하기 때문이다. 기술 목적의 연구에서는 개별 변수들에 대한 기술을 위해 측정과 샘플링에 보다 많은 관심을 가진다. 특히 기술적 조사는 변수들의 관련성 정도를 기술할 수는 있지만 변수들 간의 인과관계, 즉 원인과 결과의 관계를 기술하는 것은 아니며, 연구문제와 가설을 설정한 후, 조사대상의 현상을 정확하게 기술하고, 영향요인 간의 관계를 파악하기 위해 실시한다. 따라서 발생빈도와 비율, 변수 간의 상관관계를 검토하게 된다.

3) 설명적 조사

설명 목적의 연구는 여러 변수들 간의 관계에 대한 설명을 시도하는 것이다. 이론 발전의 단계에서 가장 고급 목적이 되며, 조사연구에서 문제의 성격이 앞서 제시된 두 가지 목적을 충족시킨 상태임을 확인한 후에야 설정 가능한 것이다. 탐색과 기술을 통해 알려진 선행 지식들이 있어야만 명제와 가설 설정, 관계 개념에 대한 측정 등도 가능해지기 때문이다. 변수들 간의 관계에 대한 설명은 과학적 이론의 최종 목적이다.

모든 조사연구는 선행 단계의 목적이 충족된 후에야 다음 단계의 목적으로 진행될 수 있다. 어떤 목적이 타당한 것인지는 전적으로 현재 제기된 연구 문제의 성격이 결정한다. 때로는 한 조사연구에서 두 가지 이상의 연구 목적이 함께 나타날 수도 있다. 예를 들어, 한 연구에서 탐색과 기술 혹은 기술과 설명의 목적을 동시에 수행하는 것도 가능하다. 그러나 그 경우도 연구 내에서 발전 단계별로 연구 목적이 구현되어야 하는 것은 마찬가지다.

3. 시간적 차원에 따른 분류

연구의 시간적 차원에 따른 분류는 특정 한 시점에서 연구대상에 대해 한 차례만 자료를 수집, 분석하는 횡단연구(cross-sectional research)와 시간의 흐름에 따라 지속적이고 반복적으로 연구대상을 관찰하는 종단연구(longitudinal research)로 분류할 수 있다.

횡단연구는 한 시점을 지정해서 그 안에서 이루어지는 변수들 간의 관계를 조사하는 것으로 지역 간, 국가 간, 문화 간 비교 연구로 일정 시점에서 관련 자료를 비교 분석하여 동일 시점에서 공간적으로 상이한 집단에서 나타나는 변이를 포착하여 그 원인을 설명한다.

종단연구는 시간의 경과에 따른 변화를 두고 자료를 분석하는 것으로 시간에 따른 동태적인 변화 과정을 연구할 수 있다는 장점이 있으나 시차변수의 포함 등으로 인한 표본수 확보의 어려움, 그리고 기본적으로 하나의 분석단위인 국가 혹은 지방정부에 대한 사례연구의 성격을 가지므로 연구결과의 일반화가 어렵다는 문제가 있다.

종단연구는 여러 가지로 나뉘는데 시간의 흐름에 따라 일반사회 또는 특정 집단의 변화가 어떠한가를 추적하는 추세연구(trend study), 동류집단의 출생 이후 이들의 집단적 특성을 시간의 흐름에 따라 추적하는 동류집단연구(cohort study), 동일한 사람들을 계속 추적하여 반복적으로 조사하는 패널연구(panel study), 하나 또는 몇 개의 사례를 비교적 장기간에 걸쳐 심도 있게 관찰하는 사례연구(case study) 등으로 구분할 수 있다.

한편 여러 지역이나 국가 또는 문화권에 대한 자료를 여러 시점에서 수집하여 분석하는 연구(시계열 자료와 횡단적 자료의 결합)를 통합시계열 설계라고 부르는데 일종의 패널연구로 볼 수 있다. 대표적으로 시애틀의 종단연구가 있으며 국내에서는 국민연금연구원 패널조사, 한국보건사회연구원의 한국복지패널조사, 한국노동연구원 패널 등의 자료가 소개되고 있다.

4. 조사연구 분석단위

사회과학조사에서 가장 많이 연구의 대상이 되는 분석단위는 개인이다. 그래서 개인들의 행위, 속성, 태도 등을 조사하고, 이것을 바탕으로 개인들이 속한 더 큰 집합체–조직, 지역, 국가 등–의 특성을 설명한다(김태성 외, 2006 : 58). 다음은 다양한 조사연구들에서 나타나는 분석단위의 차이를 예로 든 것이다(김영종, 2007 : 60).

- 여자들은 남자들보다 TV를 더 많이 본다. 왜냐하면 여자들은 남자들보다 집 밖에서 일하는 시간이 더 적기 때문이다.
  ➡ 이 경우는 개인이 분석단위가 된다.
- 1980년 인구 10만 이상의 50개 도시 가운데 30개 이상의 도시에 종합병원이 없었다.
  ➡ 이 경우는 도시가 분석단위가 된다.
- 종합사회복지관들은 지역에 따라 전문직 인력 구성에 차이가 있다. 대도시 지역의 A복지관은 8명의 사회복지사가 있는 반면에, 중소도시 지역의 B복지관은 사회복지사가 3명이 있다.
  ➡ 이 경우는 조직이 분석단위가 된다.

조사연구에서 연구문제에 들어맞지 않는 분석단위를 설정하는 경우 심각한 문제가 야기된다.

분석단위를 결정할 때 고려해야 할 세 가지 오류가 있다(김태성 외, 2006 : 58-60). 이들은 인과관계를 추론할 때 발생할 수 있는 오류들이다.

1) 생태적 오류

이것은 집단을 분석단위로 조사하면서, 이것을 바탕으로 그 집단을 구성하는 개인들의 어떤 속성을 단정하는 것을 말한다(Robinson, 1950). 예를 들어, 노인 인구 비중이 높은 지역에서 노인 인구 비중이 낮은 지역보다 사회복지를 확대하자는 지지표가 많이 나왔다고 했을 때, 우리는 잘못하면 노인들이 사회복지를 더 지지하는 것으로 결론을 내릴 수 있다. 이것이 오류일 수 있다. 왜냐하면 노인 인구 비중이 높은 지역에서 젊은 사람들이 사회복지의 확대를 지지했기 때문에 이러한 결과가 나올 수도 있기 때문이다. 즉, 이 경우 지역(집단)을 분석단위로 해서 개인들의 속성에 대하여 결론을 내리는 오류를 범하는 것이다. 이 경우, 조사목적에 맞으려면 개인들을 분석단위로 조사해서, 실제로 노인들이 젊은 사람들에 비하여 사회복지를 더 지지하는가를 알아보아야 한다.

2) 개별적 오류

이것은 생태적 오류와 반대로, 개인을 분석단위로 하여 조사하여 집단에 대한 이야기를 하는 오류를 말한다. 즉, 개인들의 행위, 태도 등을 조사한 것을 바탕으로 개인들이 속한 집단의 성격이나 특성 등을 유추하는 오류를 말한다. 예를 들면, 개인들을 조사한 결과 복지국가에 대해 긍정적인 답변을 한 사람들이 많은 국가라 하여 그 국가가 반드시 복지국가인 것은 아니다. 예컨대, 우리나라의 경우 각종의 여론조사에서 많은 사람들이 복지국가가 바람직한 것으로 생각하고 있다. 이렇게 우리나라 국민들이 복지국가를 선호하는 것은 사실이지만, 객관적으로 볼 때 아직 우리나라는 복지국가로 불리기 어렵다. 즉, 개인들이 가지고 있는 태도 등을 조사하여 그것을 바탕으로 개인들이 속한 집단의 속성에 대하여 결론을 내리는 것은 위험하다.

3) 환원주의적 오류

일반적으로 환원주의라 함은 현상을 설명하는 데 사용하는 개념이나 변수들을 제한하거나 한두 가지로 축소(환원)하는 경향을 말한다. 예를 들어, 인간의 행위들을 설명하기 위하여 다양한 요인들에 대한 이해가 필요한데 경제적 요인들로만 설명하는 것을 경제적 환원논리(economic reductionism)라 한다. 분석단위의 선정에서 환원주의가 문제가 되는 것은, 조사자들이 특정한 분석단위에 집착한다는 점이다. 예를 들면, 아동학대의 원인을 조사한다고 했을 때, 아동학대의 원인은 다양하여 개인의 문제일 수도 있고, 아동이 속한 가족 전체의 문제일 수도 있다. 따라서 조사의 분석단위는 개인과 가족 둘 다가 되는 것이 바람직하다. 그럼에도 불구하고 일반적으로 개인적인 심리적 측면을 강조하는 심리학자들은 개인들을 분석대상으로 삼는 경향이 강하고, 반면에 가족치료 전공자들이나 사회학자들은 가족을 분석단위로 삼는 경향이 크다.

CHAPTER

04 연구문제와 가설

1. 연구문제의 설정
2. 가설과 가설 검증
3. 가설의 구성요소

CHAPTER

04 연구문제와 가설

사회복지조사연구는 연구의 시작에서부터 종료까지의 전반적 계획을 작성하고 수립하는 것을 의미한다. 조사연구는 연구문제에 대한 해답을 얻기 위한 일련의 과정이다. 연구자는 연구문제 설정을 명확히 하고 그와 관련된 가설을 형성해야 한다. 조사연구는 연구문제 설정에서 시작되며 연구문제를 검증하기 위하여 가설이 설정되어야 한다.

1. 연구문제의 설정

모든 조사는 연구문제(research problem)의 설정에서 시작한다. 연구문제란 과학적인 탐구의 방법으로 답을 구할 수 있는 그리고 지적으로 자극을 유발하는 문제라고 할 수 있다(김태성 외, 2006 : 61). 사회복지조사연구의 문제는 직접적이든 간접적이든 사회복지와 관련되어야 한다. 사회복지에 관련된 의문의 출발은 실천현장에서의 경험, 개인적인 경험, 동료들과의 대화, 특정한 연구 지원 기관에의 연구제안서 작성, 일반적인 독서 등에서 비롯된다. 어떤 사람들이 서비스를 필요로 하는가? 왜 필요한가? 어떤 문제들을 가지고 있는가? 이러한 문제들의 본질과 과정은 어떤 것인가? 어떤 프로그램들이 적절하거나 적절하지 않은가?에서 비롯된다.

1) 사회학이나 심리학 등과 같은 기초사회과학과 거시적인 차원의 사회복지정책분야에서 갖는 연구 문제

- 빈곤이란 무엇인가?
- 가족의 형태는 어떻게 변화하고 있는가?
- 이혼이 아동 양육에 어떤 영향을 미치는가?
- 자유시장경제 체제로의 전환이 노동의 수급에는 어떤 영향을 미칠 것인가?
- 청소년기의 좌절된 욕구가 사회성 발달에 미치는 영향은 어떤 것인가?
- 사회복지가 근로유인을 저해하는가?

이 밖에도 거시적 차원의 사회문제, 예컨대 보건의료제도, 교육제도, 주택정책 등과 그에 따른 사회복지적 대응에 관련된 문제가 연구주제가 될 수 있다. 또한 외국의 가족지원정책, 사회보험정책 등 다양한 정책적 차원의 문제들도 여기에 포함시킬 수 있다.

2) 사회복지와 같은 응용사회과학과 미시적 차원의 연구문제

응용사회과학분야의 연구문제는

- 현재와 같은 생활보호 프로그램이 빈곤의 감소에 기여할 것인가? 그렇지 않다면 어떤 식의 개선이 필요할 것인가?
- 미혼모 가족의 아동 양육에 대해 어떤 서비스들이 적절한가?
- 노숙자에 대한 구호 위주 프로그램들이 장기적으로 노숙자 문제에 대한 해결책이 될 수 있는가? 아니라면 어떤 프로그램들이 더 효과적인가?
- 의료보험의 사유화 정책이 저소득층의 의료 서비스 접근성에 미치는 영향은 무엇인가?

미시적 차원의 연구문제들로서는

- (특정) 장애인 거주시설의 인권의 실태와 개선을 위한 방안은 무엇인가?

- (특정 지역) 사회복지사 직무태도 및 경력변경의도에 미치는 영향은 무엇인가?

연구문제설정 단계에서는 기존 문헌을 참고하거나 자유로운 사유를 통해 아이디어를 갖는 것이 중요한 과업이 된다. 기술이라기보다는 생각과 고민이 요구되는 단계이며, 대부분의 연구에서 가장 중요한 단계이기도 하다. 이 과정을 성공적으로 추진하기 위해서는 선행연구에 대한 검토가 필요하다(김영종, 2007 : 55-56).

2. 가설과 가설 검증

1) 가 설

가설이란 연구문제에 대한 임시적(tentative)인 답이다. 가설 명제로부터 유추되는 것으로, 경험적인 실재에 관한 구체화된 경험을 기술한 것이다. 만약 주어진 명제가 옳다면, 경험적으로 어떤 관계를 경험할 수 있는지를 서술하는 것이다. 예를 들면, '교육수준이 높아지면 빈곤 가능성이 줄어드는가?'가 연구문제라면 가설은 '교육수준이 높아지면 빈곤 가능성이 줄어든다'가 된다. 가설은 '독립변수와 종속변수의 관계가 어떠하다'는 형태로 표현된다. 좋은 가설은 다음의 네 가지 특성을 가지고 있다(김태성 외, 2006 : 71-73).

① 가설은 명확해야 한다

가설의 명확성은 개념적이면서 조작적 정의를 얼마나 잘 내리느냐에 달려 있다. 가설을 경험적으로 조사하기 위해서는 가설에 포함된 모든 변수들에 대하여 조작적 정의를 내려야 한다.

② 가설은 가치중립적으로 제시되어야 한다

조사자들도 인간인 이상 자신들의 가치, 편견, 주관적 선호를 가지고 있다. 그러나 가설을 제시할 때는 이러한 자신들의 가치가 반영되어서는 안 된다.

③ 가설은 구체적이어야 한다

가설은 변수들의 관계 방향과 그러한 관계가 유지되는 조건 등을 명시해야 한다. 그래서 단순히 두 변수가 관계가 있다고 하는 것이 아니라, 두 변수의 관계가 정(正)적인가 아니면 부(否)적인가를 나타내고, 또한 이러한 관계가 성립하는 조건도 명시해야 한다.

④ 가설은 기존의 조사방법으로 검증 가능해야 한다

아무리 좋은 가설이라도 그것을 검증할 조사방법이 없으면 검증이 불가능한 것이다. 예를 들면, 'A가 B보다 길다'는 가설은 자가 없으면 의미가 없는 것이다. 실제로 사회과학 연구에서의 많은 가설들이 조사방법이 존재하지 않거나 어렵기 때문에 검증되지 못한다. 대표적인 예가 인간의 '능력'이 '환경적'으로 결정되느냐 아니면 '유전적'으로 결정되느냐의 문제다. 인간의 능력의 차원은 매우 광범위하여 이 자체를 정확히 측정한다는 것이 거의 불가능하고, '환경적'이나 '유전적'의 개념도 매우 광범위하여 현재의 과학으로 규명하기가 어렵다.

2) 가설검증

가설은 검증과정에 따라 연구가설, 귀무가설(또는 영가설), 대립가설로 구분한다. 연구가설은 연구자의 이론으로부터 도출된 가설로서 조사문제에 대한 잠정적인 해답으로 실험가설, 과학적 가설로 불리기도 한다. 성별에 관한 소득 차이 연구에서 '남녀 간 월평균 소득에 차이가 없을 것이다'라는 가설은 귀무가설(영가설)에 해당한다.

연구가설은 사회현상에 대한 연구자의 이론으로부터 도출된 가설로 연구문제에 대한 잠정적인 해답으로 통계적 차이는 우연발생적인 것이 아니라 현저한 차이가 있다고 주장하며 대립가설이라고도 하며 연구자가 제시한 연구가설을 지지한다.

영가설(귀무가설)은 연구가설과 논리상 반대되는 것으로 수집된 자료에서 나타난 차이나 관계가 진정한 것이 아니라 통계적으로 나타난 차이가 단지 우연의 법칙에 의한 것이라고 진술한다. 즉, 연구가설과 논리적으로 반대의 입장을 취하여 연구가설을 기각하기 위해 설정되는 가설이다. 때로는 대립가설을 설정하여 연구가설을 지지하려고도 한다.

〈표 4-1〉 영가설과 연구가설 비교

분 류	내 용	예
영가설 (귀무가설)	두 변수 간에 관계가 없거나 실험처치에 따른 차이가 없을 것이라는 가설	남녀 간 월평균 소득에 차이가 없을 것이다.
연구가설 (대립가설)	연구자가 검증하고자 하는 가설, 변수 간의 관계나 차이를 긍정적으로 진술하는 가설	남녀 간 월평균 소득에 차이가 있을 것이다.

대부분의 과학적 조사연구는 이론을 검증하려는 의도를 갖는다. 이론은 추상적이기 때문에 직접적으로 검증되지 않으며, 가설 검증의 방식을 통해 간접적으로 검증된다. 가설이 필요하지 않은 탐색적, 기술적 조사연구들도 있다. 이런 조사연구에서는 가설이 존재해야 할 필요가 없다. 그러나 과학적 이론과 지식의 최종 목적이 현상에 대한 설명과 예측에 있기 때문에 이론과 가설에 입각해서 조사연구를 수행하는 것이 연구의 가치를 한층 높인다(김영종, 2007 : 86-88).

3. 가설의 구성요소

1) 변 수

변수(variables)란 관찰대상이 가지고 있는 특성을 지칭하는 것으로, 변인이라고도 한다. 이는 경험적으로 측정이 가능하며, 하나의 변수는 두 개 이상의 값(value) - 속성으로 구성된다. 예를 들면, 성별, 연령, 종교, 인종, 교육 정도, 소득수준의 변수들이 있으며 성별은 남과 여의 변수값으로, 교육수준은 초등졸, 중등졸, 고등졸, 대졸, 대학원졸이라는 변수값으로, 소득수준은 100만 원 미만, 100만 원 이상~200만 원 미만, 200만 원 이상~300만 원 미만, 300만 원 이상~400만 원 미만, 400만 원 이상~500만 원 미만, … 1,000만 원 이상의 변수값 등으로 구성된다.

변수는 측정치(양적 자료, 질적 자료)와 인과관계(독립변수, 종속변수, 매개변수)에 의해 분류할 수 있다. 측정치에 의한 분류는 사회복지조사를 통해서 얻어진 자료의 수리적 성격과 수리적 성격이 아닌 분류의 개념에 의한 것으로 나뉘는데, 양적 자료는 연령, 키, 몸무게, 온도, 임금소득 등 수리적 가치를 갖도록 일련의 숫자를 부여한 자료(서열척도 - 리커트 척도처럼 다수의 문항을 이용하여 등간척도로 간주되는 경우 사용 가능, 등간척도, 비율척도)이다. 질적 자료는 수리적인 가치보다 분류의 개념으로 볼 수 있으며, 성별, 인종, 종교, 출신지역 등으로 설명할 수 있다(서열척도, 명목척도).

(1) 독립변수와 종속변수

문제형성에서 가설까지 수립되면 자신의 연구에서 변수들을 구체화하고 조작적으로 구체화하고 변수들 사이의 관계를 가정하는(즉, 가설을 개발하는 것) 것이 쉬워진다. 변수들은 우리가 탐구하고자 하는 구체적 개념이자 이론적 개념이다.

변수 종류 중 독립변수(independent variable)는 다른 변수를 설명하기 위해 가정되는 변수이다. 설명되는 변수는 종속변수(dependent variables)라 한다.

독립변수는 설명변수(explanatory variable)로 종속변수의 값어치에서 변화를 야기한다고 가정하는 변수이고 종속변수는 독립변수로 설명된 결과라 할 수 있다. 수학용어를 사용하면, 종속변수는 방정식의 왼쪽에 있고 독립변수는 오른쪽에 위치한다. 예를 들면, Y=f(x)의 등식에서 Y는 종속변수이고, X는 독립변수이다. 여기서 Y는 X의 함수(function)이어서, X에서의 값의 변화는 Y의 값의 변화를 야기하는 것으로 규정한다.

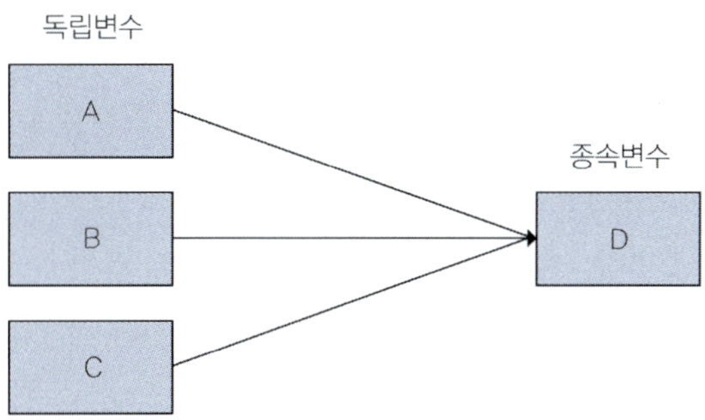

|그림 4-1| 독립변수와 종속변수의 관계

(2) 매개변수

매개변수(intervening variable)는 두 변수 간의 간계가 직접적인 관계가 아니고 종속변수의 변화는 독립변수의 영향을 받은 매개변수에 의해 발생하는 것으로 검증된다. 변수들 간의 함수적 관계를 설명할 때, 두 변수 사이에서 연계하는 변수이다. 예로서 A→B→C에서 B가 매개변수로서, A의 효과가 B를 거쳐서 C에 전달되고 있다. 예를 들면, 가정의 사회경제적 지위는 자녀의 학업성적에 영향을 미친다는 것을 생각해 보자. 그런데 이 두 변수의 관계가 직접적인 관계가 아니고 자녀의 성취욕구라는 매개변수를 통해 자녀의 학업성적이 변화한다는 점이 발견되었다고 하자. 이때 자녀의 성취욕구는 독립변수인 가정의 사회경제적 지위로부터 영향을 받고 동시에 종속변수인 자녀의 학업성취에 영향을 미쳤다면 자녀의 성취욕구변수를 매개변수라고 한다.

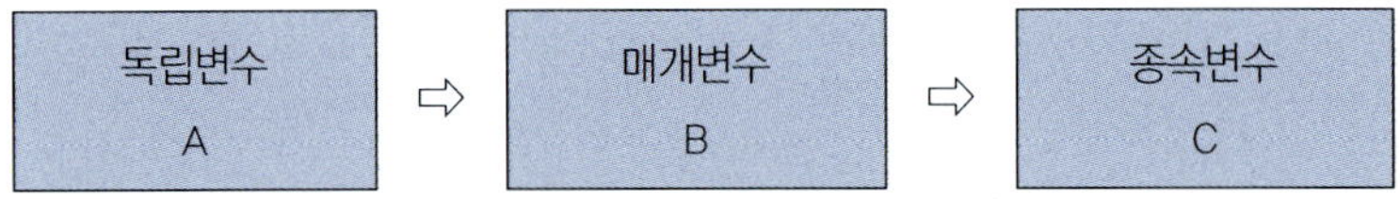

|그림 4-2| **독립변수, 매개변수, 종속변수의 관계**

(3) 외재변수

외재변수(extraneous variable)란 종속변수에 영향을 주는 독립변수 이외의 변수이다. 겉으로 두 변수 간에 인과관계가 있는 것처럼 보이지만 실제로는 관련이 없고 단지 우연히 다른 변수의 영향 때문에 마치 관계가 있는 것처럼 보이는 경우가 있다. 즉, 변수 X와 변수 Y 모두에 영향을 미치나 실제로는 두 변수가 우연히 변수 Z와 연결되어 있기 때문이며 허위변수(spurious variable)라고도 불린다. 예를 들면, 병원에서 환자의 입원 기간과 수명을 조사하였더니 입원기간이 길수록 수명이 짧아진다는 것을 발견하였다. 이때 질병이 심각할수록 입원 기간이 길고, 따라서 수명이 짧아진다면 질병의 심각성이라는 변수를 통제하지 못하던 입원기간과 수명이 인과관계가 있는 것처럼 된다. 이때 질병의 심각성이라는 변수가 외재변수가 된다. 반면에 억압(억제)변수(suppressor variable)는 원래 관계가 있는 두 변수가 제3의 변수로 인해 관계가 없는 것처럼 보이는 경우로, 이때의 제3의 변수를 억압변수라고 하며, 억압변수를 통제하면 독립변수와 종속변수의 참된 관계가 나타난다.

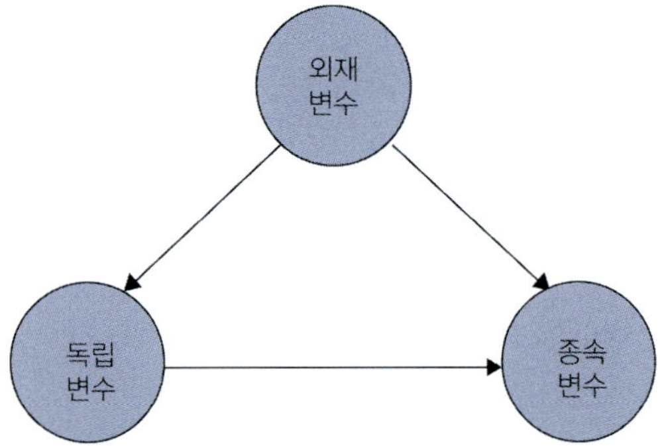

|그림 4-3| **독립변수, 외재변수, 종속변수의 관계**

(4) 조절변수

조절변수(moderator variables)는 독립변수와 종속변수 사이의 관계의 강도나 정도에 영향을 주는 변수이다. 종속변수에 대한 독립변수의 효과를 중간에서 조절하는 변수이다. 예를 들어, 학습시간량으로서 학업성취도를 예측하고자 할 때, 학습방법에 따라서 예측력이 달라진다면 학습방법이 조절변수가 된다. 조절변수의 작용 여하에 따라 독립변수와 종속변수의 관계는 강해지기도 하고 약해지기도 한다.

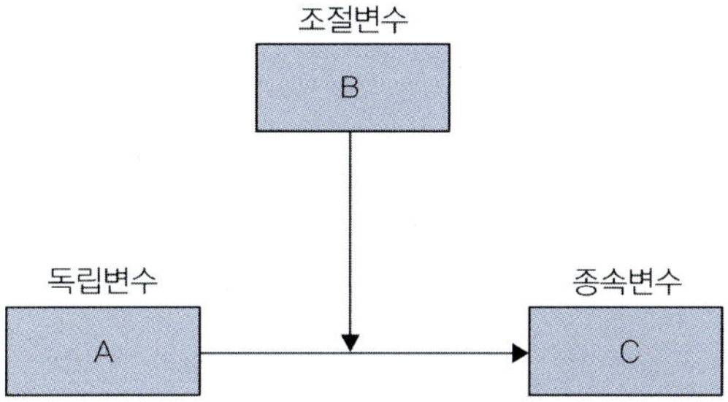

|그림 4-4| 독립변수, 조절변수, 종속변수의 관계

(5) 통제변수

독립변수와 종속변수 사이에 직·간접적으로 영향을 미칠 가능성이 있는 제3의 독립변수를 통제하게 되는데 이 변수를 통제변수(control variables)라고 한다. 즉, 독립변수가 종속변수에 미치는 영향의 정도를 좀 더 정확하게 알기 위해 통제되는 변수이다. 이따금 우리의 연구는 독립변수와 종속변수의 관계가 명확한 관계의 결여로 인해 잘못 이끌어질 가능성을 점검한다. 이런 것은 다른 변수들에 의해 설명된다. 우리가 그렇게 한다면, 설계에서 통제하고자 하는 그 변수는 더 이상 외재변수가 아닌 통제변수가 된다. 수명과 받고 있는 사회적 서비스 양과의 관계는 가장 심각한 질병과 관련된 사례들이 더 많은 사회적 서비스를 받을 필요가 있다는 사실로 설명된다. 이것을 설명하기 위해 다음과 같이 해볼 수 있다(Rubin & Babbie, 2001 : 140-141).

첫째, 우리는 질병의 심각성에 따라 하위그룹으로 모든 사례들을 분류할 수 있다. 조사의 단순성(simplicity)을 위해 그들을 두 개의 집단으로 분류한다.

① 생명에 위험한 질병이 있는 사람들
② 생명에는 위험하지 않은 경증의 질병이 있는 사람들

둘째, 우리는 수명과 받고 있는 사회적 서비스양의 관계를 평가할 수 있다. 그래서 우리는 위와 같이 종속변수와 독립변수의 원래관계가 질병의 심각성의 수준에 따라 변화하는가 아니면 동일한가를 검토함으로써 질병의 심각성에 대해 통제할 수 있다.

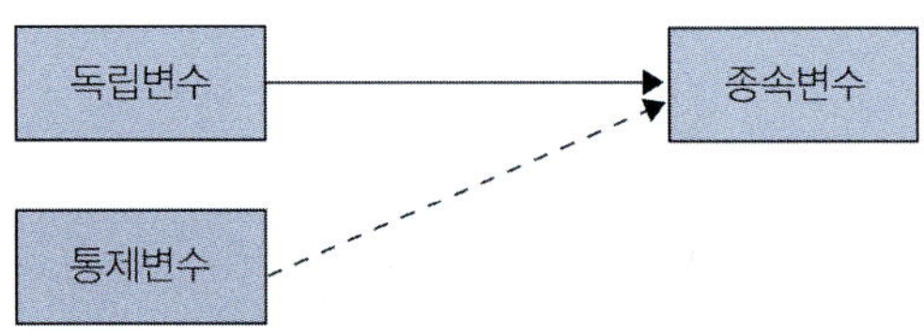

|그림 4-5| 독립변수, 통제변수, 종속변수의 관계

2) 가설과 개념의 조작화

가설이란 연구문제에 대하여 검정할 수 있도록 기술된 잠정적인 진술이다. 연구문제는 가설수립의 과정을 거치면서 관찰 가능한 명제로 구체화된다. 연구조사를 하기 위해서는 조사문제나 조사가설에 포함된 변수에 대해 개념을 정의하고 가설 수립 단계에서 개념의 조작화와 변수들에 대한 이해가 필요하다. 조사연구에서 사용되는 개념들에 대한 정의는 개념적 정의와 조작적 정의로 나뉜다.

개념적 정의(conceptual definition)란 다른 개념을 사용하여 '정의(definitions)' 하는 것이다. 예를 들어, '권력(power)'은 개념적으로 "어떤 행위자(예 개인, 집단, 국가)가 다른 행위자에게 만일 그렇지 않았다면 하지 않았을 뭔가를 하도록 하는 능력"으로 정의되어 왔다(Nachmias, C., & Nachmias, D., 1992 : 29-30).

'상대적 박탈(relative deprivation)'이라는 개념은 자신의 기대가치(value expectations)와 능력가치(value capabilities) 간의 괴리에 대한 행위자의 인식으로 정의된다.

개념들이란 의사소통을 위한 기호일 뿐이며 개념적 정의는 어떤 개념을 다른 개념을 사용하여 그 용어에 의미를 부여하는 과정이라고 할 수 있다. 다시 말해 개념적 정의란 어떤 용어가 가진 일반적인 속성을 사전적으로 규정하는 작업이다.

조작적 정의(operational definition)는 경험적 관찰을 위한 기준으로 개념적 수준(conceptual level) 또는 구성개념(conceptual components)들을 경험적으로 관찰(질문에 대한 응답)하기 위해 만든 측정도구로서 일련의 질문항목들을 만들어 가는 일체의 과정을 일컫는다. 예컨대 신앙심은 종교의식의 참여빈도와 기도횟수 등으로, 성별은 남과 여로, 서비스 만족도는 이용횟수로, 소득은 월 수입액으로 나타낼 수 있다(Nachmias, C., & Nachmias, D., 1992 : 31-32).

그러나 경험적 속성이나 개념에 의해 표현되는 사건들은 직접적으로 관찰될 수 없다. 예를 들면, '권력', '상대적 박탈', '지능', '만족'과 일반적으로 비행위적 속성(인식, 가치, 그리고 태도 등)은 직접적으로 관찰될 수 없다. 그런 경우 개념의 경험적 존재는 추론되어야만 한다. 이런 종류의 추론(inferences)은 조작적 정의에 의해 만들어진다. 조작적 정의는 경험적 대상으로 정의를 내릴 수 있다.

그래서 조작적 정의는 개념에 의해 기술되는 현상의 존재나 존재 정도를 경험적으로 입증하기 위해 수행하는 활동을 서술하는 일련의 절차를 말한다. 조작적 정의는 개념의 의미를 구체화시키고 개념의 경험적 적용을 위한 척도(criteria)를 제공하는 측정 절차를 상세히 설명한다. 그래서 조작적 정의는 개념적-이론적 차원과 경험적-관찰적 차원을 연결하는 가교 역할을 한다.

CHAPTER

05 조사설계

1. 인과관계 추론조건
2. 조사설계의 타당도
3. 조사설계의 유형

CHAPTER

05 조사설계

조사설계란 그 개념이 포함하고 있는 범위와 내용에 따라 광의와 협의로 정의될 수 있다.

먼저 광의의 조사설계 개념은 연구자가 수행하고자 하는 과학적 탐구(scientific inquiry)에 대한 기획(planning), 즉 연구자가 무엇인가를 발견하고 규명하고자 하는 자신의 목적을 달성하는 데 필요한 전략구상을 의미한다(김태성 외, 2006 : 155). 연구 문제의 이론명제나 가설 혹은 단순한 의문을 경험적으로 검증해 보기 위한 일종의 조사 틀을 짜는 것이다. 조사설계는 곧 전반적인 조사의 과정을 이끌어 주는 프로그램과도 같은 것이다. 넓은 의미의 조사설계는 연구 디자인뿐만 아니라, 측정, 샘플링과 자료수집, 자료분석 방법 등에 대한 결정을 모두 포함한다(김영종, 2007 : 91).

협의의 조사설계는 조사문제가 선택되고 그에 대한 가설이 설정되고 난 후 가설상의 변수들을 측정하는 방법과 가설을 검증할 집단을 결정하는 단계로 정의된다. 따라서 조사설계는 주어진 조사문제에 대한 해답을 구하고, 설정된 가설을 경험적으로 검증하기 위해서 어떤 자료가 필요한지, 필요한 자료를 어떻게 수집할 것인지, 수집된 자료를 어떻게 분석할 것인지, 수집된 자료를 분석한 후 어떻게 해석할 것인지 등을 계획하는 것으로 간주된다(김기원, 2002 : 183-184).

1. 인과관계 추론조건[1]

모든 조사설계의 목적은 연구자가 설정한 가설(experimental hypothesis)이 옳다는 것을 관찰된 경험적 상관관계로 타당하게 보여주는 것이다. 조사설계는 조사문제에 대해 경험적인 결론을 유도하는 방법에 관한 것이라는 면에서 인과관계의 존재 여부를 어떻게 확인할 것인가 하는 것은 조사설계의 핵심적 사안에 속한다.

사회사업가들과 사회사업조사자들은 자주 원인과 결과에 대해 추론하기를 원한다. 특히 설명적 목적을 가진 연구에서 연구문제는 주요 개념들 간의 인과관계라는 형태로 표현된다. 인과관계라는 원인이 되는 개념(변수)과 결과가 되는 개념(변수) 간에 존재하는 관계를 서술한 것을 말한다.

한편 사회복지분야에서 인과관계를 밝히는 것은 그다지 쉽지가 않다. 예를 들면, 아동학대의 원인을 명확히 확인하고 싶어 한다. 우리는 한 아동이 어느 경우에 자기통제력을 어떻게 상실하게 되고 다른 때는 상실하지 않는지를 알고 싶어 할 수 있다. 이런 질문들에 답하기 위해, 우리는 인과관계의 추론을 이해할 필요가 있다. 어떤 조건하에서 종속변수의 특정 변화가 실제로 독립변수에 의해 야기되는가, 마찬가지로 어떤 다른 것으로는 발생하지 않는다는 것을 어떻게 추론할 수 있는가이다. 따라서 이를 설명하기 위해서는, 즉 인과성을 설명하기 위하여 다음과 같은 공통적인 조건들이 필요하다.

1) 시간적 우선성

두 변수들 사이의 인과적 추론을 위한 조건은 두 변수 간에 시간적 우선성이 확인되어야 한다. 시간적 우선성은 시간적으로 원인이 결과보다 선행(precedes)하는 것이다.

---

1) Kreuger & Meuman(2006). Research Methods for Social Work(pp. 293-294)를 토대로 작성

과학에서 나중에 일어난 다른 어떤 것에 의해 발생되고 있는 사건을 상상하는 것은 의미가 없다. 즉, 한 사건이 다른 사건이 발생한 후에 일어났다면 그 사건은 다른 사건의 원인이라 할 수 없다는 논리이다. 원인적 요인의 발생은 결과의 발생에 앞서거나 거의 동시에 일어나야 하는 것이다.

때로는 두 변수와 연관된 시간순서가 정말 애매하다. 예를 들면, 한 연구에서 정신분열병(schizophrenia)을 겪고 있는 구성원이 있는 핵가족이 그렇지 않은 가족보다 사회경제적 지위의 수준이 더 낮을 가능성이 훨씬 높다는 것을 발견했다고 가정하자. 발생시간상의 순서에서 첫 번째로 일어난 것이 정신분열병인가 아니면 낮은 사회경제적 지위인가? 사회경제적 스트레스는 정신분열병의 발병에 기여하는가? 또는 정신분열병의 한 구성원은 사회경제적으로 수준이 높아지도록 하는 가족의 능력을 감소시키고 있는가? 이러한 것은 시간 순서가 아주 명백할 때조차 예외들이 발견될 수 있다.

2) 상관관계(공변성)

인과관계에서 상관관계(공변성)란 두 변수가 같이 변화함을 보여주는 것이다. 즉, 한 변수가 변화할 때 그와 관련이 있다고 믿어지는 변수도 따라서 변화하게 되면 이들 두 현상은 인과적으로 관련되어 있다고 본다.

그러나 사회과학조사는 표면적으로 이런 명확한 관찰과 관련해서 완벽한 상관관계들을 찾는 데는 어려움이 존재한다. 예를 들어, 흡연과 심장병 발생률 간에 인과관계가 있다고 가정하면 흡연자의 심장병 발생률이 높고 비흡연자의 심장병 발생률이 낮아야 한다.

3) 제3의 변수 통제

시간적 우선성과 공변성이 확인되었다고 치더라도 이것만으로 두 변수 간의 관계가 인과관계가 있다고 입증되지 않는다. 인과관계가 존재하기 위한 조건은 다른 요인의 배제이다. 이는 시간적 우선성과 공변성의 관계가 독립변수 이외의 다른 외재변수 때문에 발생하는 허위적 관계일 가능성이 있기 때문에 제3의 다른 변수로 설명되는 관계가 될 수 있는 요인들을 배제해야 한다는 것이다. 두 변수에 대한 원인적 요인이 될 가능성이 있는 다른 조건들을 통제하거나 배제하여야 한다.

예를 들어, 심장병에 걸린 사람들이 흡연이라는 원인 이외의 심장병을 유발할 만한 또 다른 원인을 가지고 있지는 않은지를 살펴보아야 하며, 두 변수 간의 인과관계는 제3의 변수를 배제한 상태에서 입중되어야 한다. 그러나 사회복지학에서 이런 인과관계를 입증하기란 쉬운 것이 아니다. 따라서 많은 선행연구논문의 검토와 연구조사의 변수 간 인과관계에 미칠 수 있는 다양한 요인들에 대한 면밀하고 깊이 있는 사색이 필요하다.

2. 조사설계의 타당도

모든 조사설계의 목적은 연구자가 설정한 가설(experimental hypothesis)이 옳다는 것을 관찰된 경험적 상관관계로 타당하게 보여주는 것이다. 특정 조사설계가 자신이 제시한 가설을 증명하는 데 있어 어느 정도의 확신을 줄 수 있는가 하는 판단의 기준이 되는 것이 바로 조사설계의 타당도(validity)라는 개념이다.

타당도(validity)가 어떤 측정도구가 측정하려고 의도한 것을 실제로 측정하는 정도를 의미하는 것이라면, 조사설계에서의 타당도는 변수 간의 관계에서 그 인과적 관계를 입증하는 데 따른 확신과 판단의 기준을 나타내는 타당도의 의미를 가진다. 조사설계의 타당도는 내적 타당도와 외적 타당도의 개념으로 나뉜다. 조사설계의 타당성을 높이기 위해서는 조사설계의 모든 과정에 인과적 추론을 왜곡하는 요인들을 배제하여야 하며, 외재변수들의 영향력이 통제되고 일반화 정도를 높이는 것이 필요하다.

1) 내적 타당도

내적 타당도(internal validity)란 연구설계 및 분석 과정에서 추정된 원인과 결과에 대하여 한 변수가 다른 변수의 원인인지 아닌지를, 즉 인과적 추론이 어느 정도 정확했는지를 말한다. 내적 타당성은 측정된 종속변수의 변화가 독립변수로 인해 일어난 것이라고 얼마나 확신할 수 있는가를 뜻한다.

따라서 내적 타당성은 공변성, 시간적 우선성과 함께 대안적 설명들에 대한 통제가 가능한지에 달려 있다. 인과성 확인을 위해 필요한 이런 기준들이 충족되지 않는 정도에 따라 연구 설계의 내적 타당성은 약한 것으로 말할 수 있다. 내적 타당성이 높은 연구 설계를 갖추려면, 다음과 같은 인과성 저해 요인들이 배제되어야 한다(김영종, 2007 : 98-99; 김태성 외, 2006 : 163-174).

(1) 우연한 사건

조사연구의 과정에서 외부적인 어떤 사건들(history)이 발생하여 연구결과에 영향을 미칠 수도 있다. 외부 사건에 대한 통제가 제대로 이루어지지 않는다면, 무수히 많은 수의 대안 설명들을 통제할 수 없다. 예를 들면, 전체 주민 가운데 젊은 부부들의 비중이 상대적으로 높은 어떤 소도시에서 가족계획에 관한 교육 프로그램을 실시하여 출산율을 저하시키고자 하는 계획을 세웠다고 가정하여 보자. 이러한 목적을 달성하기 위해 시 당국에서는 1년에 걸쳐 주기적으로 텔레비전 방송과 직장방문 교육을 통해 가족계획의 필요성과 방법을 교육한 후 작년과 올해의 출산율을 비교하여 보니 젊은 층의 출산율이 현저하게 저하한 것을 발견할 수 있었다. 이러한 연구결과를 근거로 하여 시 당국에서는 자신들의 교육 프로그램이 출산율 저하에 영향이 있었다고 결론지었다. 그런데 이후 보다 자세히 조사하여 보니 그 해 젊은 층의 출산율 저하는 교육 프로그램의 영향으로 인한 것보다 그 해 발생한 경기의 악화로 인하여 실업자가 다량 배출되었고 이들이 자신들의 출산에 대한 생각과 계획을 바꾸었기 때문임을 알 수 있었다. 이와 같이 연구기간 중 우연한 사건은 내적 타당도를 저해하는 대표적 요인이다.

(2) 성숙

인간은 고정된 상태로 있지 않으며 시간이 지나면 자연적으로 성숙하는 측면이 있다. 특히 조사대상이 성장기에 있는 경우에는 조사연구 기간 동안 조사대상 자체가 실험조치와는 무관하게 스스로 성장할 수 있다. 이와 같이 성숙(maturation)이란 단순히 시간이 경과에 의하여 실험조치와는 관계없이 실험대상 자체에서 일어나는 변화 혹은 그 과정을 의미한다.

예를 들면, 어떤 연구자가 초등학교 6학년 학급을 선택하여 주기적인 운동이 학생들의 신체발달에 효과가 있는지의 여부를 검증하고자 한다고 가정해 보자. 학생들을 대상으로 자신이 개발한 운동 프로그램을 6개월 동안 실시한 후 프로그램 실시 이전과 이후의 시점을 기준으로 학생들의 신체와 체력을 비교하여 보았더니 상당한 정도의 신체 성장과 체력 향상이 있었다. 이러한 결과에 근거하여 연구자는 주기적인 운동과 신체발달 사이의 관계에 대한 자신의 실험가설이 타당하였다고 결론지었다. 그런데 이 경우 연구자는 자신의 조사설계에서 성숙이라는 내적 타당도를 저해할 수 있는 요인을 통제할 수 없었다. 이러한 조사설계의 구조로서는 학생들의 신체와 체력의 증가가 실제로 프로그램의 영향에 의한 것인지 아니면 시간의 경과에 따라 성장기에 있는 학생들의 자연스러운 성숙의 결과인지를 확신 있게 구별할 수 없기 때문이다.

(3) 검사 효과

동일한 측정도구를 사용하여 두 번 이상 검사(testing)를 실시하는 조사연구들, 즉 실험조치 이전의 사전검사와 실험조치 이후의 사후검사를 비교하여 그 차이를 가지고 연구자의 실험조치가 연구대상에 영향이 있는지의 여부를 판단하는 조사설계들에서 많이 발견된다.

프로그램 개입으로 인한 효과를 알기 위해 사전사후 검사를 실시하는데, 동일한 검사를 두 번 실시하면 사람들이 검사 자체를 기억하고 반응해서 그에 따른 영향을 받게 된다. 전-후 차이를 비교해서 개입의 효과를 알고 싶은데, 실상은 중복 검사에 따른 기억효과에 불과한 것이라는 대립 설명이 가능해지는 것이다.

예를 들면, 지능지수(IQ : Intelligence Quotient) 향상을 목적으로 한 프로그램이 실시되었다고 하자. 프로그램의 효과성을 과시하기 위해 단일집단 사전사후검사 디자인을 선택하였다. 프로그램 시행 전에 IQ검사가 실시되었고, 2개월간에 걸친 프로그램이 종료된 후에 같은 IQ검사가 다시 실시되었다. 실시 전의 검사 점수에 비해 실시 후의 검사 점수가 훨씬 높아졌다. 이 경우에 점수의 향상이 무엇을 의미한다고 보겠는가? IQ가 그만큼이나 향상되었는가? 과연 얼마만큼이 순수한 프로그램의 효과인지를 구분해 내기가 어렵다. 연구 디자인이 내적 타당성을 높이려면 테스트 효과도 적절히 통제할 수 있어야 한다.

(4) 도구 효과

테스트 효과가 동일한 검사 도구를 중복 실시할 경우에 나타나는 문제라면, 도구 효과(instrumentation)는 전-후의 검사 도구를 각기 달리했을 때 발생할 수 있는 문제다. 즉, 검사에 의한 내적 타당도 저해요인을 제거하기 위하여 사전검사와 사후검사에 각각 다른 검사도구를 사용하기로 하였다고 가정하여 보자. 그런데 이 두 검사도구 사이에 상당한 정도의 난이도 차이가 있을 경우 이들을 사용하여 얻어진 사전사후검사의 차이는 실험조치의 결과로 인한 것이 아니라 단순히 일관성이 없는 도구의 사용으로 인한, 일종의 측정상의 오류에 불과한 것일 수 있다.

(5) 통계적 회귀

모집단에서 표본추출을 추출하거나 혹은 실험집단을 구성할 때 종속변수를 기준으로 너무 낮은 점수나 너무 높은 점수를 보이는 극단적인 집단을 연구의 대상으로 선정할 경우 이들 집단들은 실험처치의 효과 여부와는 무관하게 시간이 지날수록 점점 전체 모집단의 평균값으로 수렴하는 경향을 보인다. 이와 같이 극단적 특성을 가진 연구대상이 시간의 경과에 따라 자연스럽게 평균값으로 수렴하는 현상을 통계적 회귀(statistical regression)라고 하는데, 이러한 현상 역시 조사설계의 내적 타당성을 저해하는 대표적 요인이다.

예를 들면, 한 집단에 대해 자아존중감(self-esteem) 검사를 실시하였는데, 그 결과 평균치보다 지나치게 점수가 낮거나 극단적인 점수를 받은 사람들을 대상으로 자아존중감 향상을 위한 프로그램을 실시하였다. 프로그램의 종료 후에 다시 자아존중감 검사를 한 결과, 사람들의 자아존중감 점수 평균이 이전보다 높아진 것으로 나타났다. 그러면 사람들은 프로그램 때문에 자아존중감이 높아진 것이라고 말할 수 있겠는가? 사전검사의 과정에서 우연히 평균치보다 지나치게 낮은 점수를 받은 사람들은 다음 검사에서는 자연스레 평균치에 가까운 점수를 얻기가 쉽다. 이 경우 프로그램의 개입 여부에 관계없이 사전과 사후의 검사 점수에서 차이가 나타나게 되는 것이다. 통계적 회귀의 성향은 프로그램 개입의 효과와 관련한 인과관계 설명을 흐리게 한다. 특히 정상치에서 심하게 벗어난 인구 집단을 대상으로 하는 서비스나 프로그램들에서는 이러한 통계적 회귀 성향을 적절히 통제할 수 있는 연구 디자인을 갖추는 것이 중요하다.

(6) 선별 편향성

선별 편향성(selection bias)은 이질적인 집단들을 대상으로 개입의 효과를 비교하려고 할 때 나타나는 문제이다. 비교되는 집단들이 이미 '비교될 수 없는' 성격을 가지고 있을 때 이들을 두고 비교하는 것은 별 의미가 없다.

아동학대를 방지하기 위해 사람들을 교육시키는 프로그램이 있다. 교육참가는 자발적이다. 프로그램의 효과성을 알아보기 위해 프로그램에 참가한 사람들의 집단과 참가하지 않은 사람들의 집단을 비교해 보았다고 하자. 그 결과 프로그램에 참가했던 사람들 집단에서 아동학대 관련 지표들이 훨씬 적게 나타나는 것을 발견했다. 그러면 프로그램은 효과가 있었다고 할 수 있겠는가?

프로그램에 참가했던 사람들과 참가하지 않았던 사람들 간에는, 프로그램 이전에 이미 '비교될 수 없는' 집단으로 나누어져 있었다고 볼 수 있다. 일반적으로 자발적으로 참여한 실험집단은 비자발적인 비교집단에 비하여 실험결과에 직접적인 영향을 줄 수 있는 동기부여와 노력, 의지 등의 측면에서 비교집단과 일정 정도 구별될 것이기 때문이다.

따라서 프로그램의 실시에 의한 것인지 실험대상의 선택에 의한 결과인지를 명확하게 구분할 수 없다. 이와 같은 선택의 편향은 조사설계의 내적 타당성을 크게 저하시킬 수밖에 없다.

(7) 실험대상자의 상실

실험대상자의 상실(mortality)은 여러 가지 이유로 실험 도중에 그만두는 경우가 생겨서 사전과 사후를 비교하는 것이 어려워져 발생하는 문제다. 사전집단과 중도 탈락하고 남은 사후 집단은 이미 성격이 다른 두 집단이 되어 있을 가능성이 크다. 실험에서 중도 탈락하는 사람들은 나름대로의 특성을 가지고 있을 것이고, 그것이 어떤 형태로든 사전과 사후 검사의 점수 차이에 영향을 미칠 것이라는 대립 설명이 된다.

예를 들면, 20명의 가출 소녀들을 대상으로 집단 상담을 실시하는 프로그램이 있다. 이 프로그램의 효과성을 알아보기 위해 프로그램 실시 전과 후에 자아존중감(self-esteem) 검사를 실시하여 비교해 보는 디자인을 세웠다. 그런데 프로그램 진행 도중에 10명가량의 소녀들은 부모들이 찾아와 집으로 데려갔고, 부모가 찾아오지 않은 나머지 10명만이 끝까지 남아서 프로그램을 마쳤다. 그런데 사전검사와 사후검사의 평균 점수 차이가 특이하게 나왔다. 프로그램 실시 전에 비해 실시 후에 오히려 자아존중감 점수가 낮게 나온 것이다. 프로그램이 아이들에게 오히려 해가 된 것인가? 실험에 잔류한 사람들과 사람들의 특성을 적절하게 선별해 내는 방법이 없다면 내적 타당도를 저해시킨다.

어떤 조사설계가 무작위할당방법을 통해 전적으로 동일한 속성을 가진 실험집단과 통제집단을 구성했다 할지라도 연구기간 중 발생한 조사대상의 탈락으로 인하여 집단 간의 동일성을 잃는 경우 실험조치의 내적 타당도는 현저하게 약화될 것이다.

2) 외적 타당도

한 연구에서 밝혀낸 인과관계를 모집단이나 다른 상황에 일반화할 수 있는가는 우리의 주요 관심사이다. 내적 타당도가 어떤 연구의 범위 내에서 인과관계의 주요 조건을 충족시키는 정도와 관련이 있다면 외적 타당도(external validity)는 어떤 연구의 그 결과를 그 연구의 조건을 넘어서서 다른 모집단이나 상황에 일반화할 수 있는 정도를 일컫는다.

실험실 환경에서는 변수들 간 인과관계가 잘 입증되는데 실험실 바깥에서는 동일 변수들 간의 인과관계가 입증될 수 없다면, 그것은 연구 디자인이 외적 타당성을 갖추지 못했기 때문이라고 할 수 있다(김영종, 2007 : 105). 따라서 외적 타당도를 높이기 위해서는 무엇보다도 먼저 표본추출의 대표성(representativeness of the sample)이 확보되어야 하며 실험실 상황이라는 것은 일상생활의 환경으로부터 독립적으로 진행되기 때문에 일반화의 한계로 작용된다. 그런 만큼 이에 대한 검토가 이루어져야 한다.

외적 타당도에 영향을 미치는 요인은 다음과 같다.

(1) 표본 대표성

표본의 대표성이 갖춰진다는 것은, 즉 선정된 표본이 전체 모집단을 얼마나 잘 대표하느냐의 의미로 조사대상 표본이 모집단을 대표할수록 외적 타당도는 높아진다. 예를 들면, 대학생의 정치적 성향을 파악하기 위해서 경기도 소재 재학 중인 대학생 100명만을 선정하여 조사하였다면 이 조사결과의 외적 타당성은 문제가 될 수 있다.

표본의 대표성은 표본추출 시 확률표본추출을 통해 대상집단을 추출하고 표본의 크기가 클수록 외적 타당성이 높아진다.

(2) 조사 반응성(실험조사에 대한 민감성)

조사 반응성(research reactivity)이란 조사 대상자들이 조사에 반응하면서 생겨나는 것이다. 사회과학 연구의 조사 대상자는 대개 인간이다. 인간을 대상으로 하는 조사연구에서는, 대상자가 자신이 특정한 연구의 대상이라는 것을 인식하면서 나타내는 반응성의 문제가 빈번하게 발생한다. 그 결과 조사 대상자임을 스스로 인식하는 집단과 인식하지 않은 집단 간에는 반응성의 여부만으로도 이미 이질적인 차이를 보일 수 있다. 그런데 이런 이질적인 성격을 고려하지 못하면, 한 집단의 결과가 다른 집단에 확대 적용되는 데 따르는 일반화의 문제가 발생한다(김영종, 2007 : 107).

예를 들면, 어떤 초등학교에서 학생들의 학습효과에 긍정적인 영향이 있을 것이라고 기대되는 새로운 교육방식을 실험하고자 하였다고 가정하자. 그런데 이 교육방식에 대한 학교 전체의 관심이 너무나 커서 사전검사와 사후검사에 교장선생님과 학부형들이 직접 참가하였고 실험에 참가한 교사와 학생들의 프로그램 참가내용이 수시로 학교신문이나 언론에 소개되기도 하고 진행상황을 보기 위해 외부에서 자주 방문한다고 가정해 보자.

이러한 실험상황은 일상적인 교육상황과 매우 달라 예외적이고 인위적이다. 따라서 참가한 학생들과 선생님들은 학교와 사회로부터 주목을 받고 있다는 것을 의식하게 되고 평소와는 다른 열의와 노력을 경주하는 과민반응을 나타낼 수도 있다. 그 결과 교육 프로그램으로 인한 교육성과는 매우 높게 나타났고 실험가설은 성공적으로 증명되었다. 그러나 이렇게 예외적인 상황에서 나타난 연구결과를 근거로 새로운 교육방식을 일반화하기에는 어려움이 있다. 따라서 연구환경의 대표성을 살리기 위해서는 연구설계에서 일반적인 환경조건이 반영될 수 있도록 설계해야 하며 반응성을 최소화하고 은연중에라도 조사자의 의도나 기대결과가 조사 대상자에게 전달되지 않도록 하는 것이 외적 타당성을 높게 만든다.

(3) 플라시보 효과(위약효과)

플라시보 효과(placebo effects)는 조사 반응성 효과의 일종이다. 일명 위약효과라고도 불리는데, 약물 실험 등에서 사람들은 반응성 때문에 종종 가짜약 효과를 보인다. 실제로는 피실험자들에게 실험 처치나 개입이 주어지지 않았는데도 불구하고 마치 그것을 받은 것과 유사한 효과가 나타나는 경우가 있다. 이는 조사 대상자들이 스스로 조사에 대해 반응하고 있기 때문이다.

예를 들면, 약물의 효과성을 조사하려는 실험 디자인 연구에서, 비슷한 무리의 사람들로 두 집단을 나누어 실험집단 사람들에게는 약물을 투입하여 그 경과를 관찰하고, 통제집단 사람들에게는 약물을 투입하지 않고 관찰만 한다. 만약 실험집단 사람들이 통제집단과 차이가 있다면 다른 설명은 불가능하고 그것은 유일하게 약물이 투입되었기 때문이라고 말하려고 한다. 가능하겠는가?

만약 약물 실험이 쥐를 대상으로 하는 실험이라면 아무런 문제가 없다. '실험집단 점수－통제집단 점수＝약물의 효과 점수'가 될 것이다. 그런데 사람들을 조사대상으로 했을 경우 조사에 대해 알고 반응한다. 약물의 효과를 검사하는 실험을 하고 있다는 것을 아는 사람은 이미 약을 먹었다는 것만으로도 반응할 준비가 되어 있을 수 있다. 그래서 최소한 약물의 효과점수에서 반응성에 따른 효과(혹은 위약효과)점수 정도는 빼 주어야 외적 타당성이 인정되는 결과라 할 수 있다.

〈표 5-1〉 플라시보 효과

쥐	실험집단 점수 - 통제집단 점수 = 약물의 효과 점수
사 람	실험집단 점수 - 통제집단 점수 - 플라시보 효과(위약효과, 반응성 효과) 점수 = 약물의 효과 점수

출처 : 김영종(2007), pp. 108-109의 내용을 토대로 작성.

어떤 연구 디자인의 내적 타당성이 높다 해서 외적 타당성이 저절로 높아지는 것은 아니다. 특정 연구 조건하에서 인과관계가 아무리 높게 검출되어도, 외부 환경에로의 일반화 가능성이 높다는 것과는 별개의 문제다. 내적 타당성을 높이기 위해 연구 디자인이 각종 인위적인 통제들을 실시할 경우, 일반적인 환경 조건과 더 멀어지게 되어 외적 타당성은 오히려 떨어지는 결과를 초래할 수도 있다. 따라서 연구 디자인을 고려할 때는 내적 타당성과 외적 타당성의 균형을 맞추는 것에 대한 관심도 필요하다(김영종, 2007 : 109).

3. 조사설계의 유형

조사설계에는 다양한 유형이 있다. 실험의 기본적 요소를 잘 갖춘 설계로부터 그렇지 못한 설계까지 그 스펙트럼이 다양하다. 실험은 엄격히 통제된 상황 아래 두 변수 사이의 인과관계를 검증하는 연구방법으로, 오늘날 점차 다변화되고 복잡한 사회현상을 설명하기 위해서 좀 더 정교한 연구방법이 요구됨에 따라 사회과학의 연구에서도 실험연구의 비중이 높아지고 있다.

조사설계를 실험조사의 요건을 구비하고 있는 정도에 따라 순수실험설계(experimental design), 유사실험설계(quasi-experimental design), 전실험설계(pre-experimental design)로 구분하여 세부 유형을 알아보기로 한다.

보다 설명을 효율화하기 위하여 스탠리와 캠벨(Stanley, J., & Cambell, D., 1963)이 개발한 기호를 사용할 것이다.

〈표 5-2〉 실험설계에 사용하는 기호

X : 실험대상에 대한 처치(treatment), 개입(intervention)의 조작
R : 무작위할당(random assignment)에 의한 실험집단 및 통제집단의 구분
EG : 실험 참가자들 중 실험 변수에 노출된 실험집단(experimental group)
CG : 실험 참가자들 중 실험 변수에 노출되지 않은 통제집단(control group)
O : 관찰 혹은 측정치

왼쪽에서 오른쪽의 방향은 시간의 흐름을 표시
X와 O들이 수평으로 같은 것은 동일한 대상에 대하여 실시되었음을 표시
X와 O들이 수직으로 같은 것은 동일한 시간에 발생하였음을 표시
R 표시와 함께 집단을 분리하는 점선이 없는 경우는 통제집단이 무작위할당에 의하여 구성되었음을 표시
점선은 무작위할당에 의하여 구성되지 않은 비교집단을 의미

예

EG :	R	O_1	X	O_2
CG :	R	O_3		O_4

* 위 정의에 의하면 이 실험설계는 무작위 추출로 구성된 실험집단과 통제집단을 대상으로 사전·사후 검사를 각각 1회씩 실시하였음을 알 수 있다.

출처 : Campbell & Stanley(1963), p. 3; 김태성 외(2006), p. 175.

1) 순수실험설계

순수실험설계(true experimental design)는 실험실 내에서 이루어지는 실험설계로서 가장 엄격한 설계이다. 시간적 우선성, 공변성, 제3의 변수 통제가 모두 보장되는 실험설계로 진실험설계, 완전실험설계라고도 한다. 순수실험설계는 실험의 모든 요소를 모두 갖추고 있어 내적 타당도가 가장 높지만 반면 현실적으로는 이와 같은 완벽한 통제를 가하기 어렵고 윤리적인 문제로 실험이 불가능해질 수 있어 실험 결과를 일반화하기 어려워 외적인 타당도가 낮아진다.

순수실험설계는 실험대상이 무작위적 방법을 취하고 실험집단에만 독립변수를 조작하여 종속변수에서의 차이를 비교하는 것으로 통제집단 사전사후검사설계, 통제집단 사후검사설계, 솔로몬 4집단설계가 있다.

(1) 통제집단 사전사후검사설계

사회복지사업에서 가장 보편적으로 사용되는 실험설계는 우리의 서비스와 실천방법의 효과성을 평가하는 것이다. 이런 실험의 필수적인 구성요소는 ① 실험과 실험집단에 개인들의 무작위할당(randomly assigning), ② 독립변수(전형적으로 어떤 프로그램이나 개입방법)를 통제집단에서는 억제하고 실험집단에 도입, ③ 종속변수에서 실험집단과 통제집단의 변화량의 비교를 포함한다.

예를 들면, 너싱홈 시설에 사회복지사가 사용한 개입(우울증을 완화시키고 사기를 증진시키기 위해서 클라이언트의 생활사를 재음미하게 하는 이야기 치료로 클라이언트를 면담 중인 어떤 개입)의 효과성을 평가한다고 가정해 보자. 실험적 접근은 통제집단과 실험집단에 적절할 것으로 판단되는 사람들 각각에 대하여 무작위로 할당하는 체계적 표집과정(systematic sampling procedures)을 사용하고 우울증과 자신감(morale, 종속변수)에 대해 개입이 실행되기 전과 후의 관찰을 하였을 때 실험집단의 정서는 통제집단의 정서보다 향상되는 정도로 그 개입이 향상의 원인이 된다는 가설을 지지한다. 전술한 사례는 전형적인 실험설계를 나타내며 또한 통제집단 사전사후검사설계(pretest-posttest control group design)라고 부른다. 이 검사설계를 간략히 도식으로 나타내면 |그림 5-1|과 같다.

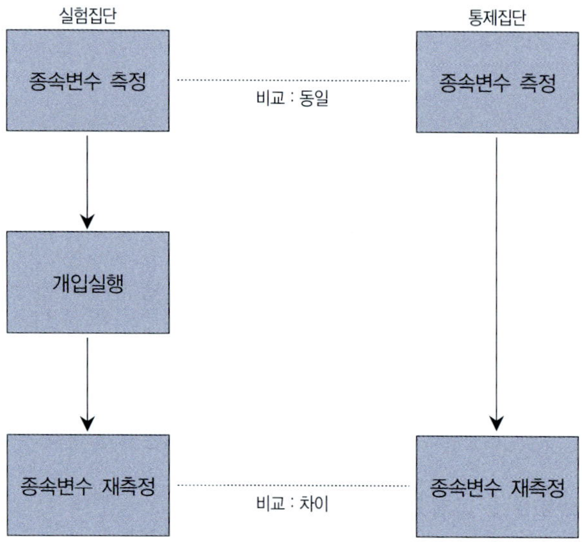

|그림 5-1| 기본적 실험설계의 도형

출처 : Rubin & Babbie(2001), p. 304.

다시 위의 그림을 부호화하면 다음과 같다.

EG : R	O_1	X	O_2
CG : R	O_3		O_4

실험조치의 효과 = $(D_2 - D_1)$

D1 : 실험집단의 사전사후검사 비교 = $(O_2 - O_1)$

D2 : 통제집단의 사전사후검사 비교 = $(O_4 - O_3)$

위와 같은 실험설계를 사용하면 실험집단의 사전사후검사의 차이$(O_2 - O_1)$가 통제집단의 사전사후검사의 차이$(O_4 - O_3)$와 다를 경우 실험조치의 차이 이외에는 두 집단이 모두 동일한 조건을 공유하고 있기 때문에 이 차이는 결국 오직 실험조치의 결과인 것으로 간주할 수 있다.

따라서 이 실험의 장점은 실험집단과 통제집단의 동질성 여부를 확인할 수 있고 실험가설검증의 내적 타당도를 저해할 수 있는 대부분의 요소를 제거할 수 있다(김태성 외, 2006 : 165-166).

문제는 사전측정과 사후측정 사이의 시간이 길어지게 될 경우 역사적 요인, 성숙요인 등과 같은 외생변수의 작용 가능성이 높아져 외적 타당도가 크게 저하되는 단점이 있다.

(2) 통제집단 사후검사설계

통제집단 사후검사설계(posttest-only control group)는 무작위할당의 과정이 실험집단과 통제집단 간의 어떤 의미 있는 차이를 제거시켜 준다는 것을 추정한다. 집단의 동질성에 대한 가정은 사후 검사에서 두 집단 간의 차이가 독립변수에 인과적 영향을 반영할 수 있다는 함의를 수용한 것이다. 실험조치가 이루어지기 전에 실험집단과 통제집단에 대하여 실시하는 사전검사(pretest)를 없앰으로써 실험의 외적 타당도를 높이는 장점이 있다. 간략히 부호화하면 다음과 같다.

EG : R	X	O_1
CG : R		O_2

실험조치의 효과(실험집단, 통제집단 사후검사 비교) = $(O_1 - O_2)$

통제집단 사후검사설계는 사전검사를 아예 실시하지 않기 때문에 실험과정에서 사전검사가 사후검사에 미치는 영향이나 사전검사가 실험조치에 미치는 영향, 그리고 사전검사가 실험대상에 미치는 영향을 완전히 통제할 수 있어 사전검사가 특정 실험 대상에게 민감하게 영향을 줄 수 있는 독특한 특성을 가진 경우에 사용하면 좋다.

(3) 솔로몬 4집단설계

솔로몬 4집단설계(Solomon four group design)는 사회과학에서는 거의 사용되지 않는 설계방식이다. 전형적인 실험설계, 즉 통계집단 사전사후검사설계에 통제집단 사후설계를 결합한 것이다. 두 집단 대신에 4집단으로 무작위 할당으로 나눈다. 4개의 집단 중 2집단은 통제집단이고 다른 두 집단은 실험집단이다. 하나의 실험집단과 하나의 통제집단은 사전사후검사를 받게 된다. 다른 실험집단과 통제집단은 사후검사만 받게 된다.

외적 타당도에 영향을 미치는 요인들을 주효과, 주시험효과 및 상호작용시험효과 등으로 정확하게 분리해 낼 수 있는 장점이 있다(김태성 외, 2006 : 187-188). 그러나 집단구성과 실험 관리가 쉽지 않아 중도탈락자들이 발생할 소지가 있고 사회과학분야에서는 거의 사용되지 않는다. 간략히 부호화하면 다음과 같다.

EG : R	O_1	X	O_2
CG : R	O_3		O_4
EG : R		X	O_5
CG : R			O_6

2) 유사실험설계

사회과학연구에서 순수실험설계가 활용되기는 어렵다. 유사실험설계(quasi-experimental design)는 순수실험설계와 달리 시간적 우선성, 공변성은 보장되나 외생변수의 통제는 보장되지 않는 실험설계라는 점에서 순수실험설계에서 다루게 될 전형적 실험설계(classical experimental design)는 어렵거나 부적절할 수 있다. 이런 것들은 전형적 순수실험설계의 변종들이기 때문에 유사(quasi)라고 부르게 된다(Kreuger & Meuman, 2006 : 244). 이는 순수실험설계와 비교해서 내적 타당도가 일정 정도 저하된다는 단점을 가지고 있기도 하다. 하지만 앞서 언급했듯이 사회복지현장에서 실험설계를 하기에는 많은 어려움과 장애들이 있음을 감안할 때 매우 활용도가 높은 대안이 될 수 있다.

(1) 비동일통제집단설계

사전검사	개입	사후검사	
O_1	X	O_2	실험집단
O_3		O_4	통제집단

실험조치의 효과 = $(D_1 - D_2)$

D_1 : 실험집단의 사전사후검사 비교 = $(O_2 - O_1)$

D_2 : 통제집단의 사전사후검사 비교 = $(O_4 - O_3)$

비동일통제집단설계(nonequivalent control group design)는 실험집단에서 관찰된 실험조치 이전과 이후의 변화($O_2 - O_1$)와 통제집단에서 발생한 사전사후검사 간의 변화($O_4 - O_3$)를 비교하여 이 둘 사이에 차이가 발생할 경우 이 차이를 실험조치의 결과로 간주한다. 비동일통제집단설계는 실험집단과 통제집단에 대한 구분이 무작위할당으로 이루어지지 않았기 때문에 앞서 지적된 집단의 이질성의 문제를 가지고 있다. 즉, 원래부터 가지고 있던 집단 간의 차이인지 독립변수가 종속변수에 변화를 일으킨 것인지를 구분하기가 힘들다. 사회복지분야에서 거의 대부분의 통제집단을 활용하는 연구들은 비동일통제집단을 활용한다고 보아도 무방하다. 효과성을 연구하는 연구들에서도 대개 이 디자인을 활용하는 경향이 있다. 이 경우에 비동질적인 두 집단의 선택에서 비롯된 다양한 외부 요인들의 설명을 통제하기 위해서는, 집단 간 차이에 대한 실천/연구자의 선험적이거나 직관적인 지식이 적절히 동원되어야 한다(김영종, 2007 : 133). 또한 우연한 사건(history)이나 성숙효과(maturation effect) 등과 상호작용함으로써 내적 타당도를 저해할 수도 있다. 이런 단점에도 '남성과 여성 간의 차이 비교', '특정한 직업훈련 프로그램의 효과를 사무직과 기술직 노동자를 대상으로 하여 서로 비교'하는 경우 등 무작위할당으로 구성하는 것이 원천적으로 불가능할 경우 대안이 될 수 있다(김태성 외, 2006 : 180-181).

(2) 단순시계열설계

통제집단이 필요하지 않기 때문에 실현 가능한 시계열설계를 단순시계열설계(simple time-series design)라고 한다. 실험조치가 취해지기 전과 후에 걸쳐 동일한 실험대상에 대한 관찰횟수를 늘려 비교의 시점(reference points)을 확대하는 방법이다.

	사전검사	개입	사후검사
단일집단	O_1 O_2 O_3 O_4 O_5	X	O_6 O_7 O_8 O_9 O_{10}

실험조치의 효과 = $(D_2 - D_1)$

D_1 : 실험조치 사전의 경향 = $(O_1+O_2+O_3+O_4+O_5)$

D_2 : 실험조치 사후의 경향 = $(O_6+O_7+O_8+O_9+O_{10})$

부호에서 O는 시간의 흐름에 따라 종속변수를 측정하기 위한 다른 관찰시점을 나타낸다. 관찰의 특정 횟수는 제한할 필요는 없다. 많을수록 더 좋다. 이 설계방법은 종속변수가 개입이 시작되기 전 5번의 시점에서 측정되었고 개입 이후 또 다른 5번의 관찰이 이루어졌음을 알 수 있다. 실험조치 이후의 관찰값들의 합과 실험조치 이전 관찰값들의 합이 차이가 있을 경우 그 차이를 실험조치로 인한 차이로 간주한다. 예를 들면, 치료사가 우울증환자에 대한 치료효과를 평가하기 위해 치료 전 일련의 시점을 정하여 5번의 관찰을 하여 측정하고 개입하였다. 개입 이후 다시 5번의 시점에서 동일한 방법으로 관찰을 하였을 때 치료 전과 후의 관찰값을 비교하여 그 차이가 있는지를 알아보는 것이다. 만일 의미 있는 차이가 발생하였다면 치료효과가 있다고 평가할 것이다.

그러나 이와 같은 단순시계열설계에서는 여러 차례 반복된 관찰로 간접적인 통제집단의 역할을 한다고 할지라도 통제집단이 존재하지 않기 때문에 실험설계의 내적 타당도를 또한 일련의 관찰시점에 우연한 사건(history)이나 반복된 관찰로 인해 시험효과를 통제할 수 없고 선택과 실험조치 간의 상호작용 역시 통제가 불가능하다. 관찰기간이 길어지면 대상자의 성숙효과(maturation effect) 등에 의한 연구의 내적 타당도를 저해할 가능성이 있다. 특히 동일 대상에 대한 여러 차례에 걸친 조사는 검사와 실험조치 간의 상호작용으로 일반화에 한계로 작용할 것이다.

(3) 복수시계열설계

시계열설계에서 보다 내적 타당도를 갖는 형태이다. 비동일통제집단(nonequivalent control group design)에 시계열분석(time series analysis)을 추가함으로써 단순시계열설계와 비동일통제집단설계가 갖는 한계를 극복하려는 설계방법이다. 소위 복수시계열설계(multiple time-series design)이라고 부른다. 아마도 사회사업가들에게 가장 적용 가능한 복수시계열설계는 다음과 같이 단순시계열설계에 비동일통제집단시계열설계를 결합한 복수시계열설계일 것이다(Kreuger & Meuman, 2006 : 313).

사전검사	개입	사후검사
O_1 O_2 O_3 O_4	X	O_5 O_6 O_7 O_8
O_9 O_{10} O_{11} O_{12}		O_{13} O_{14} O_{15} O_{16}

실험조치의 효과 = $(D_1 - D_2)$

D_1 : 실험집단의 사전사후경향 비교 = $(O_{13} + O_{14} + O_{15} + O_{16}) - (O_9 + O_{10} + O_{11} + O_{12})$

D_2 : 통제집단의 사전사후경향 비교 = $(O_5 + O_6 + O_7 + O_8) - (O_1 + O_2 + O_3 + O_4)$

복수시계열설계는 실험집단의 사전사후 경향을 비교한 관찰값과 비교집단의 사전사후 경향을 비교한 관찰값의 차를 실험조치에 의한 효과로 간주한다.

복수시계열설계의 장점을 극대화하기 위해서는 비교집단으로 설정되는 대상에 실험조치가 행해지지 않는다는 것 외에 실험집단과 비교집단이 동일한 속성을 많이 가지면 가질수록 좋다. 뿐만 아니라 양 집단을 대상으로 실시되는 사전사후검사 역시 거의 동일한 시점들에서 실시함으로써 검사와 관련된 두 집단의 조건을 동일하게 하여야 한다(김태성 외, 2006 : 183-184).

3) 전실험설계

전실험설계(pre-experimental design)는 실험조사의 속성인 무작위 배정 없이 조사 대상자가 선정되고 통제집단을 갖추지 못할 때 활용하는 가장 낮은 수준의 실험조사형태로서 내적 타당도와 외적 타당도의 저해 요인이 거의 통제되지 못한다(황성동, 2007 : 144). 대표적인 전실험설계는 1회사례연구(one-shot case study), 단일집단 사전사후검사설계(the one-group pretest-posttest design), 그리고 정태적 집단비교설계(the static group comparison)가 있다.

전실험설계는 엄격한 의미에서 실험설계가 아니라고 볼 수도 있어 가설검증을 위한 실험설계라기보다는 순수실험설계를 하기 전 시험적으로 실시하는 탐색조사의 성격을 가지고 있다.

(1) 1회사례연구

개입	사후검사
X	O_1

1회사례연구(one-shot case study)는 한 번의 실험조치(X)와 한 번 관찰(O_1)을 나타낸다. 이 기법의 문제는 실험조치의 효과성을 판단할 만한 비교의 준거점(reference point)이 전혀 없다. 또한 내적 타당도와 외적 타당도에 영향을

미칠 수 있는 요인들을 전혀 통제할 수 없다. 따라서 연구가설을 검증할 수도 없다. 한 연구자가 방임되고 있는 아동들의 자아존중감이 낮을 것으로 판단하고 이를 향상시키기 위한 프로그램을 개발하여 대상자들에게 개입하였다고 가정하자. 일정 기간의 치료활동 이후에 자아존중감이 얼마나 향상되었는지를 평가하고자 할 때 설계구조 내에서 프로그램을 평가할 만한 기준이 없다. 한마디로 비교기준과 비교시점을 적용하는 것이 불가능하다.

(2) 단일집단 사전사후검사설계

사전검사	개입	사후검사
O_1	X	O_2

O_1, O_2는 동일집단

실험조치의 효과 = $O_2 - O_1$

단일집단 사전사후검사설계(the one-group pretest-posttest design)에서는 1회 사례연구 디자인과 비교해 볼 때 사전검사가 추가되었다는 것을 알 수 있다. 한 연구대상 집단에 대해 개입을 실시하기 전에 먼저 종속변수를 측정(사전검사)한다. 다음에 개입(X)이 이루어지고, 개입이 끝난 후에 다시 종속변수를 측정(사후검사)한다. 사후검사의 결과는 사전검사의 측정값과 비교되고, 차이가 있으면 그것을 개입에 따른 효과라고 보는 것이다(김영종, 2007 : 126). 앞의 예를 적용하면 연구자가 자아존중감에 대한 사전검사 실시 후 개입활동을 하고 프로그램 종결 후에 다시 사후검사를 하여 그 차이를 가지고 효과성을 추정하고자 하는 설계방법이다. 이런 설계에서는 프로그램 종결 후에 결과에 영향을 미쳤을 것으로 보이는 다른 외부의 요인들에 대한 통제가 전혀 이루어지지 않아 그 결과가 프로그램의 효과 때문인지를 확신할 수 없다. 따라서 앞에서 검토했던 내적 타당도와 외적 타당도의 저해요인을 다시 상기시키면 사전검사와 실험조치 간의 상호작용과 실험조치와 대상자의 상호작용을 통제할 수 없음을 알 수 있다. 따라서 내적 타당도와 외적 타당도 모두 낮을 수밖에 없다.

(3) 정태적 집단비교설계

개입　　일회검사
X　　　O_1
──────→
　　　　O_2
실험조치의 효과 = $O_2 - O_1$

정태적 집단비교설계(the static group comparison)는 두 개의 집단을 선정한 후 한 개의 집단에는 실험조치를 하고(실험집단) 다른 집단에는 실험조치를 하지 않고(통제집단), 실험집단과 통제집단의 차이를 프로그램의 효과로 추정하는 설계방법이다. 이 설계방법에서 가장 큰 문제는 두 집단이 집단으로 분류될 때 무작위할당을 통하지 않고 구성되었다는 것이다. 즉, 두 집단 간의 동질성이 확보되지 않아 두 집단 간의 차이가 순수한 실험조치의 효과인지 원래부터 존재하는 두 집단 간의 이질적 성격에 따른 차이인지를 확신할 수 없다. 앞에서 내적 타당도는 한 변수가 다른 변수의 원인인지 아닌지를 연구의 결과가 정확히 나타내는 신뢰성과 관련된다는 것을 다루었다. 따라서 독립변수가 종속변수에 영향을 미치는 것인지를 확신할 수 없기 때문에 내적 타당도가 낮다고 할 수 있다. 또한 집단의 특성, 대상자의 이질성으로 실험조치 사이에 의미 있는 상호작용을 할 경우 실험의 결과를 일반화하는 데는 여러 가지 한계가 있기 때문에 외적 타당도 역시 낮게 나올 수 있다.

CHAPTER

06 측정 및 척도

1. 측정의 정의

2. 측정의 수준

3. 척 도

4. 측정의 오류

5. 타당도와 신뢰도

CHAPTER

06 측정 및 척도

연구자들은 연구문제를 결정하고 검증되어야 할 가설들을 구체화하기 시작하면 곧바로 연구를 어떻게 디자인할 것인지 그리고 변수들을 어떻게 측정할 것인지에 대한 문제에 직면한다. 명제나 가설은 변수들 간의 관계를 기술하고 있으며, 따라서 이를 경험적으로 검증하려면 앞장에서 논의한 변수들에 대한 측정이 이루어져야 한다. 그러나 사회과학에서 다루는 사회적 현상, 특히 사회복지실천현장에서의 연구조사는 인간의 상호작용과 사람을 중심으로 측정을 수행해야 하기 때문에 대단히 복잡하고 어렵다. 따라서 측정상 많은 오류가 발생할 수 있으며 이에 대한 신중한 접근이 필요하다.

1. 측정의 정의

측정은 조작적 정의에 관한 생각과 밀접하게 결합되어 있다. 조작적 정의는 개념적 정의를 조작적 정의로 이어주는 측정절차이다. 좀 더 구체적으로 말하면 측정은 규칙에 따라 경험적 속성들(변수들)에 숫자나 다른 기호(numbers or other symbols)를 할당하는 하나의 절차이다(Nachmias & Nachmias, 1992 : 148). 즉, 측정은 연구자가 관심을 가지고 있는 현상이나 대상, 개념에 대하여 일정한 규칙에 따라 숫자를 할당하는 과정이다. 변수의 속성, 즉 대상의 속성과 수, 그리고 규칙에 따라야 한다는 의미에서 대단히 중요한 세 가지 요소(변수의 속성, 숫자나 기호, 규칙)가 된다. 우리가 새로운 자동차를 구매한다고 가정해 보자. 다양한 소형차들 사이에서 가격에는 큰 차이가 없기 때문에 다음 요건을 최고로 충족시키는 모델의 근거 위에서 구매를 결정할 것이라고 가정해 보자. 예를 들면, 디자인, 경제성, 그리고 서비스가 있다. 한 모델은 디자인이 잘 되어 있으면서 경제적이지만 제조사가 제공하는 서비스가 만족스럽지 못할 수 있다. 따라서 우리는 다섯 개의 숫자로 세 가지의 특징에 대해 각각 등급을 매기기로 하자. 10, 11, 12, 13, 14 중에서 가장 낮은 숫자 10은 가장 불만족을, 가장 높은 숫자 14는 가장 높은 만족의 정도를 나타낸다. 숫자 11, 12, 13은 평가되고 있는 특징에 따라 만족의 점수가 점차적으로 증가하는 것을 나타낸다. 우리는 여기서 다섯 가지 모델을 검토한다. 〈표 6-1〉은 설정된 세 가지 기준에 따라 각각의 모델에 대한 평가를 요약한 것이다. 점수를 검토한 후에 우리가 차 C모델을 구매하기로 결정한다. 왜냐하면 세 가지 모든 항목에서 가장 높은 점수를 받았고 가장 높은 만족도를 나타냈기 때문이다.

이것은 측정의 매우 단순한 하나의 사례로서 정의(definition)로 표현된 기본적 사고를 제공한다. 우리는 규칙에 따라 속성들(대상들)에 숫자를 할당했다. 그 숫자들은 측정의 최종 결과물이다. 이러한 측정은 다양한 속성들 간의 관계의 비교, 평가, 사정에 이용될 수 있다.

〈표 6-1〉 소형차 선호도

소형자 모델명/평가항목	디자인	경제성	서비스
A	10	11	10
B	13	14	12
C	14	14	14
D	14	12	13
E	10	12	14

출처 : Nachmias & Nachmias(1992), p. 148.

2. 측정의 수준

측정은 변수의 속성들에 규칙에 따라 숫자나 기호를 배정하는 것이므로 변수의 속성들에 숫자를 할당하고 이런 숫자를 조작(manipulates)한다. 예를 들면, 민주주의, 동기, 적대감, 권력, 소외, 만족감과 같은 개념은 매우 추상적이어서 직접적으로 관찰될 수 없다. 때문에 고도의 추상적인 개념들을 직접적인 경험적 특질들로 변환시킨다는 것은 극히 어렵다. 따라서 그러한 특질을 나타낼 것으로 간주되는 여러 지표들을 관찰해서 간접적으로 측정하는 방법을 사용하는 것이다. 일반적으로 측정에는 명목측정, 서열측정, 등간측정, 비율측정이 있다.

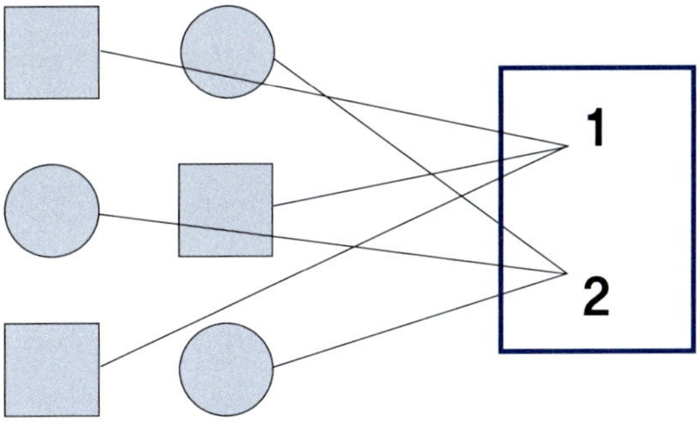

|그림 6-1| 측정의 할당(Assignment or Mapping)

1) 명목측정

명목측정(nominal measurement)은 속성(attributes)들이 오직 포괄성(exhaustiveness)과 상호배타성(exclusiveness)의 특징을 갖는 변수들이다. 예를 들면, 성(gender), 인종, 종교, 정당, 출생지, 대학전공, 머리 색깔 등이 명목변수이다. 각각의 변수를 구성하는 속성들은-성별에 대해 남성과 여성-서로 구분되고 사람들 내에서 가능한 성을 총망라하고 이상에서 거론된 구조 외에 추가적으로 어떤 구조도 갖지 않는다(Rubin & Babbie, 2001 : 172).

사람들의 한 집단이 그와 같이 하나의 변수라는 견지에서 특성화되고 있고 적용할 수 있는 속성들에 의해 특징을 갖게 되며 물리적으로 집단으로 분류되고 있다는 것을 상상하는 것은 유용하다. 수많은 군중들이 모여 있는 사람들에게 그들이 태어난 곳에 따라 함께 서 있을 것을 요청했다고 가정해 보자(변수는 출생지가 될 수 있다). 속성들은 서울 출생, 경기도 출생, 제주도 출생 등이 될 수 있다. 주어진 집단에 서 있는 모든 사람들은 적어도 한 가지를 공통적으로 공유한다.

어떤 한 집단에 소속된 사람은 모든 다른 집단에 소속된 사람들과 다르다. 개별집단들은 어디에서 형성되고, 서로 얼마나 근접해 있는가, 또는 같은 공간에 배열되어 있는 집단은 어떻게 관련되어 있는가. 하나의 주어진 집단 구성원 전체(전체집합)는 출생지(서울, 경기도, 제주도 등)가 동일하고 각각의 집단(부분집합)은 다르게 공유된 출생지를 갖는다. 집합과 데이터처리를 용이하게 하기 위해 우리는 명목변수에 다른 범주들이나 속성들에 다른 부호를 할당한다.

그래서 우리는 남성을 가리키는 '1'을 여성을 가리키는 '2'를 기록할 수 있다. 그러나 측정의 다른 차원들과 다르게 명목변수 코드숫자는 양적인 의미를 갖지 않는다. 그들은 오직 질적인 차이를 나타내는 편리한 도구일 뿐이다. 명목(nominal)이라는 단어는 이름을 붙이는 것(naming)과 관련된 nominate와 nomenclature와 같은 단어로서 라틴어에서 유래된다. 우리가 할당한 부호숫자(code number)가 무엇이든 간에 그 부호는 높음과 낮음이 될 수 없고 수량이 아닌 오직 이름을 일컫는다. 결론적으로 우리는 통계적으로 명목변수를 분석할 때 평균(mean)이나 중간값(median)을 계산할 수 없고 얼마나 많은 사람들이 다양한 범주에 소속되어 있는가를 나타내는 빈도에 국한된다.

〈표 6-2〉 명목측정의 예

변 수	속성(측정값)
성 별	남성, 여성
계 절	봄, 여름, 가을, 겨울
종 교	기독교, 불교, 천주교, 원불교, 이슬람교

2) 서열측정

속성들이 논리적으로 배열 순서상 질서(rank-ordered)를 갖는 변수가 서열측정(ordinal measurement)이다. 다른 속성들은 그 변수에 대해 상대적으로 다소(more or less)를 나타낸다. 이런 형태의 변수들은 사회계급, 인종차별, 성차별, 클라이언트의 만족도 등이 여기에 해당한다. 자체의 정의에 대해서는 상당한 차이가 있을 수 있다.

서열변수를 설명할 때 물리학에서 가장 많이 인용하는 사례는 경도(hardness)이다. 만일 하나의 물질이 다른 물질에 자국을 낼 수 있고 반대로 후자가 전자에 자국을 낼 수 없다면 우리는 하나의 물질(예를 들면, 다이아몬드)은 다른 물질(예를 들면, 유리)보다 더 단단하다고 말할 수 있다. 다양한 물질을 다른 물질로 긁어봄으로써 우리는 결국 여러 물질을 연한 것부터 단단한 것까지 일렬로 배열할 수 있다. 주어진 물질들이 절대적으로 얼마나 단단한지를 말하는 것은 불가능하나 상대적으로 어떤 물질이 더 단단하고 부드러운가에 대해서 말하는 것은 가능하다.

사회복지분야의 예로써 그들이 받고 있는 서비스에 대한 클라이언트의 만족도와 서비스의 양에 대해 질문하는 것이 있을 수 있다. 우리는 그들에게 '매우 만족'하는지, '만족'하는지, '불만족'한지, '매우 불만족'한지를 질문할 수 있다. 이것은 우리에게 만족의 순위를 제시하지만 만족에 대한 하나의 수준은 클라이언트가 만족에 대한 다른 수준에서보다 정확히 두 배 만족한다든가 또는 세 배 불만족한다고 나타낼 수 있도록 어떤 양을 제공하지는 않는다.

명목변수와 마찬가지로 우리는 개인들이 순위를 나타내도록 부호숫자를 입력할 수 있는데, 매우 만족은 '4', 만족 '3', 불만족 '2', 매우 불만족 '1'의 부호가 부여될 수 있다. 여기서 '4'는 부호 '3'보다 더 높은 평가를 나타낸다. 그러나 양적인 의미는 부정확하다. 즉, 매우 만족 '4'에 응답한 사람은 매우 불만족 '1'에 응답한 사람보다 네 배 더 만족한다고 말할 수 없는 것이다. 서열척도는 그들 간의 정확한 차이나 정확한 양이 아니라 범주들의 순위를 알 수 있다는 것이다. 따라서 +, -와 같은 수학연산이 가능하지 않고 동일간격, 절대영점이 없다(김영종, 2007 : 147).

〈표 6-3〉 서열측정의 예

변 수	속성(측정값)
만족도	매우 만족, 만족, 불만족, 매우 불만족
학 점	A, B, C, D, F
장애 정도	1급 장애, 2급 장애, 3급 장애, 4급 장애, 5급 장애
노인 부양에 대한 책임 순서	본인, 아들, 딸, 국가, 사회, 종교단체

3) 등간측정

등간측정(interval measurement)의 가장 큰 특성은 측정대상에 할당된 범주들 사이에 일정한 간격(interval)이 존재한다는 점이다. 앞에서 논의된 구조적 특성들을 모두 가지고 있으며 임의적 영점(arbitrary zero point)을 가지고 있다. 따라서 등간측정은 측정된 값들 사이에 서열적인 순서가 존재할 뿐만 아니라 그 순서 사이의 간격이 일정한 크기로 동일하다. 등간측정의 대표적인 사례는 온도와 IQ 점수, 물가지수, 생산성지수, 시험성적, 온도, 성격검사, 적성검사 등을 들 수 있다.

온도계의 경우 90℃와 80℃ 사이의 차이 또는 거리는 50℃와 40℃ 사이의 차이 또는 거리와 동일하다. 그러나 온도 80℃가 40℃보다 두 배로 뜨거운 것은 아니다. 그것은 온도계가 절대영점에 기초한 것이 아니라 영점이 임의적이기 때문이다. 위의 사례에서 (50℃−40℃)=(30℃−20℃)라는 수학 등식이 성립한다. 즉, 더하기와 빼기가 가능한 수학적 의미가 있다. 그러나 등간척도에서는 곱하기와 나누기와 같은 연산은 불가능하다. 측정값이 절대적 혹은 자연적 영점(absolute or natural zero point)을 갖지 못하기 때문이다(김태성 외, 2006 : 84).

4) 비율측정

비율측정(ratio measurement)의 가장 중요한 특성은 등간척도에서 논의되었듯이 사용되는 숫자 혹은 범주가 절대적 혹은 자연적 0점을 갖는다. 따라서 몸무게, 소득 수준, 연령, 가족 수, 근무연수, 자산금액, 가격, 상담횟수 등 절대영점에 기초한 변수들은 비율측정에 의해 측정이 가능하다. 앞에서 논의했던 집단의 구성을 연령으로 예로 들면, 1살, 2살, 3살 등 연령별 집단을 구성하는 것을 가정해 보자. 연령은 명목측정, 서열측정, 등간측정의 요건을 다 갖추고 있으면서 한 사람은 다른 사람보다 나이가 2배가 더 많다 또는 적다로 표현될 수 있다. 이처럼 곱하기와 나누기가 수학적으로 가능하며 모든 통계학적 분석방법이 적용된다.

〈표 6-4〉 측정수준별 특성

척도 / 특징	명목측정	서열측정	등간측정	비율측정
범 주	○	○	○	○
순 위	×	○	○	○
등간격	×	×	○	○
절대영점	×	×	×	○
비교방법	확인, 분류	순위비교	간격비교	절대크기
예	성별, 계절, 종교, 결혼 여부, 인종, 지역 등	장애등급, 석차, 사회계층, 학력 등	지능지수, EQ, 온도, 물가지수 등	시청률, 투표율, 가격, 무게, 저축, 출생률, 신장 등

3. 척 도

척도는 변수의 강도(intensity), 경도(hardness), 또는 효능(potency)을 측정하려는 사고에 근거한다. 온도계의 평정척도는 기본적인 척도형태이다. 사람은 한쪽 끝에서 다른 쪽 끝까지 움직이는 일직선 위의 한 점을 관찰함으로써 온도를 알게 된다. 이런 척도의 형태는 구성하고 사용하는 것이 쉽다. 연속성과 할당된 숫자는 사람들이 수량에 대해 생각하는 것을 돕는 착상을 전달해 준다(Kreuger & Meuman, 2006 : 195).

척도구성(scaling)은 척도를 만드는 방법에 관한 것으로, 심리사회과학에서는 인간의 내면적 태도(attitude)를 측정하는 일정의 잣대를 구성하는 것으로 간주된다. 다양한 척도구성의 방법이 있는데, 주로 측정 등급에 따라 각기 다른 스케일링도수가 사용된다. 대부분의 척도는 단일차원성의 원칙에 근거해서 만들어진다. 단일차원성의 원칙(principle of unidimensionality)이란 척도의 구성 항목은 단일한 차원을 반영해야 한다는 것으로, 척도의 모든 항목들은 하나의 동일 차원적 연속선상에 배열되어 있어야 함을 뜻한다. 다차원으로 구성된 개념을 측정하는 복합지표 척도의 경우도 마찬가지로, 각 차원의 하위개념들은 각기 단일차원성의 원칙에 따라 척도구성이 되어야 한다(김영종, 2007 : 156).

위에서 언급한 속성 또는 변수를 측정하기 위한 개념의 조작화 및 조작적 정의과정에서 다루어진 다차원적 구성과 척도 구성 시의 단일차원적 원칙은 서로 다른 의미로 사용되고 있다는 것을 주의할 필요가 있다.

1) 리커트 척도

리커트 척도(Likert scale)는 서베이(survey)에서 가장 보편적으로 사용되고 있다. 리커트(R. Likert)가 1930년대에 개발했는데 사람의 태도에 관한 서열수준(ordinal-level)의 척도를 제공하고 있다. 리커트 척도는 총화평정척도(summated-rating)로 불리기도 하는데, 왜냐하면 척도에서 사람의 점수가 그 사람이 제공한 응답점수를 합산하여 계산되기 때문이다(Kreuger & Meuman, 2006 : 195). 즉, 총화평정척도는 하나의 변수를 표현한다고 간주되는 여러 개의 질문문항, 즉 지표에 대한 응답자의 응답을 총합(summation)하여 측정값을 구하게 된다(김태성 외, 2006 : 112). 조사자는 '동의'와 '반대'의 두 개 이상의 범주를 사용할 수 있으며 일반적으로 4개 이상의 범주, '매우 동의', '약간 동의', '약간 반대', '매우 반대'로 구성할 수 있다(Kreuger & Meuman, 2006 : 195). 이렇게 응답의 범주를 4개로 구성하면 연구자는 단순히 동의함과 동의하지 않음 사이에 존재하는 조사대상자의 응답 차이에 대하여 보다 타당도 높은 정보를 얻을 수 있으면서도 연구자에 의하여 미리 제시되는 표준화된 서열척도를 통해 보다 신뢰할 수 있는 안정된 지표를 얻을 수 있게 된다(김태성 외, 2006 : 116).

다음의 〈표 6-5〉는 리커트 척도의 구성을 활용한 대표적인 사례로 각 항목의 내용을 단순 합산함으로써 우울증의 정도를 나타낸다.

〈표 6-5〉 리커트 척도 구성의 예 1(우울증의 정도)

다음 문항을 잘 읽은 후에 오늘을 포함하여 지난 2주일 동안 당신이 느끼고 생각한 것을 가장 잘 나타내는 곳에 ○표 하십시오. 한 문항도 빠뜨리지 말고 답해주시기 바랍니다.

문 항	전혀 아니다	아니다	그저 그렇다	그렇다	매우 그렇다
1. 나에게는 희망이 없다고 생각한다.	1	2	3	4	5
2. 내 인생은 실패작이라고 생각한다.	1	2	3	4	5
3. 나의 삶이 후회스러워 괴롭다.	1	2	3	4	5
… 생략 …					
29. 입안이 쓰고 마르다.	1	2	3	4	5
30. 나는 많은 시간 무력감을 느낀다.	1	2	3	4	5

주 : 다섯 개의 범주에 할당된 숫자 0~4점을 1~5점으로 변경함
출처 : 이민수·이민규(2005); 황성동(2007), p. 75.

다음은 〈표 6-6〉 직업에 대한 만족도의 평가를 예로 들어보자. 이 척도는 직업에 대한 만족도를 급여수준과 지위보장, 직장의 작업환경 등 다양한 지

표를 통해 척도를 구성하고 있어, 실제 직업에 대한 만족도를 훨씬 광범위하게 잘 파악할 수 있다. 직업에 대한 만족도를 파악하는 데 7개의 문항을 통해 1~5점을 부여하였다.

〈표 6-6〉 리커트 척도 구성의 예 2(직업에 대한 만족도)

문 항	매우불만	불 만	보 통	만 족	매우만족
1. 급여수준	1	2	3	4	5
2. 지위보장	1	2	3	4	5
3. 직장의 작업환경	1	2	3	4	5
4. 자기의 능력 발휘의 기회 보장	1	2	3	4	5
5. 동료와의 관계	1	2	3	4	5
6. 자신의 업무 권한	1	2	3	4	5
7. 새로운 업무 학습이나 시도의 기회	1	2	3	4	5

출처 : 김영종(2007), p. 158.

리커트식 척도법은 다른 척도에 비해 척도 구성이 간단한 편이며, 어느 정도의 내적 일관성을 가진다면 사용이 가능하여 신뢰성도 대체로 높은 편이며, 문항의 응답범위를 어떻게 설정하느냐에 따라 정밀하게 측정할 수도 있다. 반면 응답범위 간에 확실하게 순위를 가지며, 이들 간에 간격이 어느 정도 동일한 것으로 간주되지만, 사실 엄격한 등간척도는 아니므로 이에 대한 주의가 요구되기도 한다. 또한 총점이 가지는 의미가 문항 간의 응답측정의 편차를 희석시키는 문제가 여전히 남아 있다(양정하 외, 2006 : 159).

2) 보가더스 사회적 거리척도

보가더스 사회적 거리척도(Bogardus social distance scale)는 인종이나 서로 다른 집단들을 분리해서 사회적 거리를 측정하는 것이다. 한 집단이 외부집단(outgroup)에 대해 어느 정도 사회적 거리를 두고 있는가를 결정하는 데 사용된다. 서로 관련된 다른 인종집단 구성원들의 마음상태(willingness)를 측정하기 위해 보가더스(Emory Bogardus)에 의해 1920년대에 개발되었다. 이 척도는 사람들이 어떤 다른 집단(종교적 소수집단, 일탈집단 등)들에 대해 얼마나 친근한가 또는 거리감이 있는가를 조사하는 데 사용된다. 이 척도의 논리는 단순하다. 사람들은 위계화된 일련의 문장에 응답하는 것이다(Kreuger & Meuman, 2006 : 199). 예를 들어, 외국인에 대한 사회적 거리를 측정하기 위하여 다음과 같은 다섯 개의 설문 문항으로 이루어진 척도를 구성하였다고 가정하자(김태성 외, 2006 : 114).

〈표 6-7〉 보가더스 척도의 예

문 항	미국인	일본인	중국인	영국인
① 당신의 나라에 거주하는 것을 허용하실 용의				
② 당신이 사는 도시에 거주하는 것을 허용하실 용의				
③ 당신의 이웃에 거주하는 것을 허용하실 용의				
④ 당신의 옆집에 사는 것을 허용하실 용의				
⑤ 당신의 자녀가 외국인과 결혼한다면 허락하실 용의				

이 질문문항을 자세히 살펴보면 뒤에 제시되는 질문들은 앞의 질문보다 외국인에 대한 사회적 거리감이 점점 친밀하도록 구성되어 있다. 어떤 조사대상자가 4번 항목을 선택하였을 경우 이 조사 대상자는 설문문항 간에 존재하는 논리적 위계구조에 따라 1번부터 3번까지의 설문에는 당연하게 긍정적인 대답을 한 것으로 논리적으로 가정할 수 있다(김태성 외, 2006 : 114). 집단 상호 간의 거리 측정에 매우 유용하며, 적용범위가 넓다. 그러나 사회적 거리 순위만을 나타내므로 친밀감의 크기를 나타내지는 않는다. 신뢰도는 재검사법으로만 가능하기 때문에 조사의 정확성을 확보하기가 어렵다.

3) 거트만 척도

루이스 거트만(Louis Guttman)은 1940년대에 일련의 지표 또는 측정항목들 간에 어떤 관계가 존재하는지를 결정하기 위해 거트만 척도(Guttman scale)를 개발했다. 그는 기본적인 단일 차원 또는 하나의 구조로 이루어진 누적적 강도(cumulative intensity)를 입증하기 위해 다차원적인 지표들을 이용했다. 척도는 일련의 지표들 또는 항목들을 측정하는 것으로 시작한다. 이런 것들은 질문항목, 투표, 또는 관찰된 특성들이 될 수 있다. 척도는 매우 다양한 현상을 측정한다(예를 들면, 범죄 유형이나 약물사용, 사회성이나 조직의 특성, 투표나 정당가입, 심리학적 정신병). 이 지표들은 일반적으로 간단한 예/아니요, 또는 참석/결석의 형태로 측정된다. 3~20개의 자료들이 사용될 수 있다. 조사자는 항목들 간에 어떤 논리적 구조가 존재한다는 믿음 위에서 항목들을 선택한다. 그래서 항목들이 그 관계들과 부합하는 어떤 패턴을 형성하는지를 결정한다. 일련의 항목들이 한번 측정되면 그 조사자는 그 항목들에 대해 모든 가능한 응답의 결합을 고려한다.

예를 들면, 다음과 같은 문항이 있다.

〈표 6-8〉 거트만 척도의 예

① 외국인이 당신이 사는 나라에 거주하는 것을 허용할 용의가 있다.
② 외국인이 당신이 사는 도시에 거주하는 것을 허용할 용의가 있다.
③ 외국인이 당신의 이웃에 거주하는 것을 허용할 용의가 있다.
④ 외국인이 당신의 옆집에 사는 것을 허용할 용의가 있다.
⑤ 당신의 자녀가 외국인과 결혼한다면 허락할 용의가 있다.

응답자	문항①	문항②	문항③	문항④	문항⑤	점수	순위
A	+	+	+	+	+	5	1
B	+	+	+	+	−	4	2
C	+	+	+	−	−	3	3
D	+	+	−	−	−	2	4
E	+	−	−	−	−	1	5
F	−	−	−	−	−	0	6

+는 찬성, −는 반대

위의 ③번 문항에 응답할 경우 ①번에서 ②번까지 찬성하리라 예측할 수 있으며 응답자의 점수는 찬성할 수 있는 문항의 순서 점수이다.

따라서 전체 설문응답자의 응답기록을 검토하여 높은 강도의 설문문항에 응답한 경우에 반드시 낮은 강도의 설문문항에도 응답을 하여야 한다는 강도의 패턴이 실제로 존재하는지를 경험적으로 확인한다. 연구자가 만든 강도의 위계질서가 응답자의 응답에서도 실제로 확인되는지의 여부는 재생계수(coefficient of reproducibility)의 계산을 통하여 확인한다. 재생계수는 전체응답자가 문항에서 선택할 수 있는 모든 경우에 대해서 실제로 설문문항이 어느 정도로 위계질서상 오류가 발생했는지의 비율을 의미한다. 재생계수의 공식은 다음과 같다(김태성 외, 2006 : 117).

재생계수 = 1 − (오류의 수 / 전체응답자수 × 문항수)

재생계수가 1인 경우 완벽한 척도의 구성을 의미하는 것이지만 통계적으로 1일 수는 없으며 일반적으로 재생계수가 0.90이 되면 어느 정도 바람직한 척도라고 간주할 수 있다. 거트만 척도의 장점은 응답자 개인을 서열화하고 있어 개인 간의 차이에 대한 연구를 수행하는 경우에서는 유용하며 단점은 척도구성항목을 일정한 정도의 강도로 내용을 서열화하는 것이 어려워 실제 조사에서는 잘 사용하지 않는다는 점이다.

4) 어의변별척도

어의변별척도(semantic differential scale)는 1950년대에 개발되었는데 어떤 사람이 어떤 개념, 대상 또는 다른 사람에 대해 어떻게 느끼는가에 대해서 간접적으로 측정하는 것이다. 이 측정법은 '형용사'를 사용하여 어떤 것에 대한 '주관적 느낌'을 측정한다. 이런 것은 사람이 구술과 기록된 언어상에서 형용사를 사용해서 평가를 주고받기 때문이다(Kreuger & Meuman, 2006 : 202).

대부분의 형용사는 반대말(예를 들면, 밝은/어두운, 견고한/연한, 느린/빠른)을 가지고 있기 때문에 평정측정 또는 척도를 만드는 데 형용사의 반대말을 이용할 수 있다. 어의변별척도는 평가되고 있는 것이 무엇이든지 간에 관련된 함의를 포착해서 그 함의에 대한 간접적 측정을 제공한다.

어의변별척도는 다양한 목적으로 사용되어 왔다. 시장조사에서 소비자가 특정 상품에 대해 어떻게 느끼는가, 정치여론수집가들은 후보자나 이슈에 대해 유권자들이 어떻게 생각하는가를 알아내는 데 활용한다. 그리고 치료사들은 클라이언트가 자기 자신을 어떻게 인식하고 있는지를 사정하는 데 이용한다(Kreuger & Meuman, 2006 : 202).

〈표 6-9〉 어의변별척도의 사례

이혼에 대해서 어떻게 생각하십니까?

나쁜(Bad)	×									좋은(Good)
깊은(Deep)								×		얕은(Shallow)
약한(Weak)								×		강한(Strong)
공정한(Fair)									×	불공정한(Unfair)
조용한(Quiet)		×								소란한(Loud)
현대의(Modern)					×					전통의(Traditional)
단순한(Simple)						×				복잡한(Complex)
빠른(Fast)			×							느린(Slow)
더러운(Dirty)			×							깔끔한(Clean)

출처 : Kreuger & Meuman(2006), p. 203.

이와 같이 수집된 자료는 평균치 분석이나 거리집락분석 및 요인평점분석 등에 의하여 분석된다. 어의변별척도는 구성이 용이하고 가치와 태도와 같은 주관적인 개념 측정에 용이하다는 장점이 있으나 실제로 사회과학에서 사용하는 변수는 어의의 차이가 애매한 경우가 많아 적절한 평가의 차원이나 판단기준을 확보하기 힘들다는 단점이 있다. 뿐만 아니라 어의척도의 구성을 평가할 적절한 평가자 집단을 구하기가 힘들고 특정 어의척도를 상이한 장소와 시간에 일반화하여 적용하기가 쉽지 않다는 단점도 있다(김태성 외, 2006 : 118-119).

5) 서스톤 척도

서스톤 척도(Thurston scale) 구성의 핵심은 간격이 일정하게 벌어진 문항들을 찾아내고, 그것들을 순서에 따라 나열해서 등간점수를 부여하는 작업이 된다. 앞서 척도가 문항들의 서열성을 둔 척도를 구성했다면, 서스톤 척도는 서열 문항들 간에 등간성까지 갖게 만드는 것이다(김영종, 2007 : 164).

서스톤(Thurston)은 '교회에 대한 태도 측정'이 가능한 척도를 만들기 위해 우선 온갖 성격의 130개 문항을 후보 문항군으로 갖추어 두고(예를 들면, '교회는 좋은 영향을 주는 곳이다', '교회는 가난한 사람들을 도와준다', '교회에 다니는 사람들은 답답하다', '교회 때문에 아침마다 시끄럽다' 등으로 교회에 관한 사람들의 온갖 생각을 대변하는 130개의 항목을 구성해 볼 수 있을 것이다) 수백 명의 사람들에게 그것을 평가하게 했다. 각자가 130개의 문항들을 11점의 범주에 끼워 넣게 했는데, 가장 우호적이라고 생각되는 문항들은 1점 범주에, 그 다음 우호적인 문항들은 2점 범주에, 이런 식으로 가장 비우호적이라 생각되는 문항들은 마지막 11점 범주에 넣도록 했다. 이 자료를 근거로 11점 체계에 적합한 11개 문항을 간추려 내서, 문항별로 1~11의 등간점수가 부여된 척도구성을 했다. 이렇게 만들어진 척도를 사용할 때는 사람들에게 11개의 척도 문항에 대해 각기 찬성(　), 반대(　)의 의견을 물어서, 찬성이라고 응답한 항목들에 해당되는 상대점수를 모두 더해 찬성 응답한 항목 수만큼 나누어 준다(김영종, 2007 : 164).

어떤 대상자가 11개 설문문항 중에서 5, 6, 7점의 3개 항목에 동의를 표시했다고 하자. 동의를 표시한 3개의 항목이 가지고 있는 척도값 5, 6, 7점의 평균인 6점이 그 응답자가 얻을 수 있는 최종 점수이다. 따라서 11개의 지표

중에서 표시되지 않은 8개의 항목은 0점으로 처리된다.

서스톤 척도는 설문항목들 사이에 경험적으로 위계질서를 부여함으로써 여타의 서열척도보다 측정수준이 보다 높은 등간척도를 손쉽게 구성할 수 있다는 장점을 가지고 있다. 그럼에도 불구하고 몇 가지 단점을 가진다. 서스톤 척도가 가진 가장 큰 단점은 지표들 사이의 경험적인 구조를 찾아내는 데 너무 많은 시간과 노력을 필요로 한다는 것이다. 또한 서스톤 지표에 의하여 구성된 지표들 사이의 구조는 논리적인 것이 아니라 경험적인 것이기 때문에 시간과 장소에 따라 그 지표들의 의미와 구조가 변하기가 쉬워 안정적이지 않다는 단점이 존재한다(김태성 외, 2006 : 115).

4. 측정의 오류

1) 측정오차

일반적으로 측정과정에는 많은 측정오차가 발생한다. 측정오차란 연구자가 측정하고자 하는 측정대상의 진정한 값(true score)과 실제 측정도구를 사용하여 얻어진 측정값과의 차이를 의미하는 것으로 다음과 같이 표현될 수 있다(Mark, 1996 : 285; 김태성 외, 2006 : 87).

측정값 혹은 관찰값(observed score) = 참값(true score) + 오차(error)

이 공식에서 오차 부분을 일반적으로 측정오차(measurement error)라고 하는데, 그 값은 양의 값을 가질 수도 혹은 음의 값을 가질 수도 있다. 특히 측정대상을 직접 관찰하기 힘든 경우가 많은 사회과학에서는 정확하지 않은 측정이 이루어질 가능성이 높고 따라서 실제 측정값에 측정오차가 포함될 여지 또한 높다. 측정오류는 오류발생의 원인에 따라 크게 체계적 오류(systematic error)와 비체계적 또는 무작위 오류(non-systematic or random error)로 구분된다(김태성 외, 2006 : 87).

(1) 체계적 오류

체계적 오류는 우리가 수집한 정보가 측정하고자 하는 개념의 상을 틀리게 반영한 것이다. 우리가 데이터를 수집한 방식이나 데이터를 제공한 사람의 작용방식 때문이다(Rubin & Babbie, 2001 : 177). 체계적 오류란 우연한 실수 등으로 측정이 잘못되는 것이 아니라, 잘못된 측정 방법을 채택함으로써 지속적이고 체계적으로 오류가 발생하는 것이다. 체계적 오류가 발생하면 측정하려는 개념이 아닌 다른 개념이 지속적으로 측정되는 결과를 낳는다(김영종, 2007 : 177-178). 체계적 오류는 주로 측정대상이나 연구자의 사회경제적 특성이나 성향과 많은 연관이 있다. 예를 들어, 중산층이 주로 사용하는 용어로 구성된 지능도구는 측정대상이 중산층인가 저소득층인가에 따라 일정하게 체계적인 방향으로 측정오차를 야기할 것이고, 한국의 부모-자식 간 친밀도를 측정하면서 미국에서 만들어진 부모-자식 간 친밀도 도구를 사용하는 경우 한국 부모-자식 간 친밀도의 진정한 값은 미국과 한국의 문화차이라는 요인에 의해 일정한 측정오차를 포함한 채 측정될 것이다(김태성 외, 2006 : 87).

(2) 비체계적 오류

무작위 오류는 오류가 일정한 유형으로 발생하지 않는 것이다. 즉, 측정에서 비일관적(inconsistency)인 오류가 나타나는 것이다. 체계적으로 나타나는 일관성 있는 오류들은 그 근원을 추적하여 제거해 낼 수 있지만, 무작위적으로 일관성 없이 나타나는 오류들은 제거해 내기가 쉽지 않다. 따라서 무작위 오류는 여러 번에 걸쳐 반복적으로 측정하게 되면 그 과정에서 서로 상쇄되어 소멸하는 오류이다. 그러므로 무작위 오류를 포함한 측정은 측정 횟수를 늘려 여러 번에 걸쳐 측정한 후 그 측정값들의 평균값을 구하게 되면 측정하고자 하는 대상의 참값(true score)과 거의 동일해진다(김태성 외, 2006 : 88). 주로 측정 시의 기압이나 날씨 등과 같은 환경이나, 측정 당시에 사용되었던 용어, 뉘앙스나 응답자들의 개인적인 컨디션, 측정 당시의 측정 대상자나 측정자의 정서적 상태 등과 같은 도저히 통제되기 어려운 요인들로 인해 발생한다.

5. 타당도와 신뢰도

1) 타당도

전통적인 용법에서 타당도(validity)라는 말은 경험적인 측정이 고려 중인 개념의 실제 의미를 적절하게 반영하는 정도를 알아보는 것이다(Rubin & Babbie, 2001 : 193). 특정 척도는 언제나 그 척도만이 배타적으로 측정하고자 하는 현상(phenomenon), 물체(object), 개념(concept) 등이 있는데, 해당 척도가 이와 같이 자신이 측정하고자 하는 대상을 정확하게 측정할 수 있을 경우에 이 척도는 타당도가 있는 좋은 척도라고 판단할 수 있다(김태성 외, 2006 : 90).

(1) 내용타당도

내용타당도(content validity)란, 액면타당도(face-validity)라고 불리기도 한다. 액면타당도는 어떤 측정도구의 타당도가 조사자의 주관적 평가에 따른다. 실제로 액면타당도는 조사자가 측정하고자 하는 것을 어떤 도구가 측정하는지의 문제와 관계가 아니라 조사자의 주관적 사정(assessment)에 따라 도구가 측정할 것으로 보이는 것을 어느 정도 측정하는가를 고려한다. 예를 들면, 조사자가 '자유주의'라는 변수를 측정하고자 10개의 문장으로 구성한 질문지를 만들었다. 질문지를 구성한 후 조사자는 그것이 '자유주의'와 어느 정도 관련이 있는지를 사정하기 위해 각각의 문장을 검토한다. 그렇게 하기 위해, 그 조사자는 일련의 전문가들(판단자들)과 상의할 수 있다. 만일 판단자들의 의견이 일치한다면 그 조사자는 그 질문지가 액면타당도가 있다고 보고

결과적으로 그것으로 '자유주의'를 측정하고자 할 것이다. 조사자들 사이의 불일치는 도구를 측정하는 데 액면타당도를 손상시킬 것이다(Nachmias & Nachmias, 1992 : 158).

또 하나의 예를 들면, '아동폭력'에 대해 조사하고자 한다고 가정하자. '아동폭력'에 관련된 이론을 보면 폭력은 언어폭력과 신체적 폭력, 정신적 폭력 등의 범주로 구성된다. 따라서 이 경우에 아동폭력을 측정하고자 개발된 척도가 타당도를 가지기 위해서는 척도가 자신이 측정하고자 하는 개념이 내포하는 다양한 구성요소를 포괄할 수 있는 내용들로 이루어져야 할 것이다.

내용타당도는 다른 타당도 개념들에 비하여 그 논리가 간단하고 설명이 용이하지만 실제 경험적으로 타당도의 정도를 확인하기에는 가장 어려운 유형이다. 왜냐하면 내용타당도를 평가하는 데 가장 중요한 것은 척도를 구성하고 있는 내용이 측정하고자 하는 개념의 전체 범위를 충분히 대표하고 있는지의 여부가 핵심적인 관건인데, 실제로 사회과학에서 측정하고자 하는 대부분의 개념은 매우 추상적이어서 그 내용을 직접적으로 관찰하여 확정하기가 용이하지 않기 때문이다. 결국 내용타당도를 판단하는 데 있어서는 특별히 객관적인 절차나 기준이 있기보다는 관련 개념에 대한 전문가의 판단(judgements) 및 합의(consensus)에 근거하여 결정될 수밖에 없다(김태성 외, 2006 : 93).

내용타당도는 측정의 타당도를 확인하는 가장 기초적인 방법인지만, 주관적인 판단에 의존하므로 편향이나 오류의 가능성을 배제하기 어렵다는 한계가 있다. 특히 연구자 자신만의 판단에 기초한 타당도 확인은 더욱 그럴 가능성이 높다. 따라서 측정하려는 개념에 대한 전문가, 측정도구의 개발에 관한 전문가, 그리고 측정 대상자 등을 통해서 조사 설문지나 관찰 기록지의 내용구성이 타당한지를 다원적으로 확인하는 것이 좋다. 또한 내용타당도를 높이기 위해서는 추상성을 다루고 개념적 사고를 할 수 있는 능력에 대한 훈련이 필요하다. 추상적인 상태의 생각, 의미, 단어, 개념, 구성체, 이론 등을 연구자가 현재 관심을 두는 주제와 연결해서 정리해 낼 수 있는 능력이 필수적으로 요구된다. 사회복지 연구나 실천 환경 모두에서 개념을 그려내고 다룰 수 있는 능력을 실천・연구자들이 갖추는 것이 중요하다(김영종, 2007 : 184).

(2) 기준타당도(경험타당도)

기준타당도(criterion-related validity)는 외부적 기준(external criterion)에 근거한다. 어떤 도구의 기준타당도를 평가할 때 외부적 기준은 그 도구가 측정하고자 하는 변수와 동일하거나 또 다른 지표라고 여겨 선택한다(Rubin & Babbie, 2001 : 194).

기준타당도는 내용타당도의 어려움을 극복하고자 하는 목적에서 발전된 것이다. 앞서 언급한 바와 같이 내용타당도의 문제점은 추상적인 개념과 구체적인 측정을 직접 연결시키는 것에서 비롯된 것이다. 따라서 기준타당도는 추상적 개념과 구체적 측정을 직접 연결하기보다는 특정 개념에 대하여 이미 타당도가 확인된 다른 측정도구를 기준으로 삼아 현재 개발된 도구의 타당도를 검토하고자 하는 것이다.

기준타당도는 예견타당도(predictive validity)와 동시타당도(concurrent validity)의 두 가지 하위유형이 있다(김태성 외, 2006 : 93). 예견타당도의 사례를 보면 운전면허 시험에 사용하기 위하여 개발된 필기시험이 실제로 타당도가 있는 척도인지 아닌지를 평가하는 한 가지 방법은 필기시험에 응시한 응시자의 시험점수와 이들 응시자의 실제 주행능력이 상관관계가 있는지를 측정하는 것이다. 이 경우 논리적으로 필기시험에서 높은 성적을 받은 사람은 당연히 훌륭한 주행능력을 가질 것으로 어느 정도 예견 가능(predictive)하기 때문에 필기시험은 실제 주행능력이라는 기준변수에 대하여 예견타당도를 가지고 있을 것으로 가정할 수 있다.

한편 동시타당도 혹은 일치타당도는 척도가 측정하고자 하는 대상의 현재 상태나 상황과 어느 정도 부합하는지의 정도를 의미한다(Mark, 1996 : 290). 예견타당도가 개발된 척도와 미래에 발생할 것으로 기대되는 기준과의 부합 정도를 의미하는 것이라면 일치타당도는 개발된 척도와 현재의 상황과 조건이라는 기준과의 부합 정도를 말한다. 예를 들어, 어떤 연구자가 청소년들의 비행 정도를 측정하기 위하여 척도를 구성하였다고 가정하자. 이 척도의 타당도 여부를 판단하기 위한 한 가지 방법은 연구자가 개발한 척도로 측정한 청소년들의 비행점수와 측정에 참여한 청소년들의 현재 상태나 조건들과의 부합 정도를 살펴보는 것이다. 측정한 결과 비행점수가 높은 청소년들이 현재까지 과거 비행으로 체포된 사례가 많은 경향이 확인되었다면 이 경우 연구자가 개발한 비행척도는 체포사례라고 하는 기준 변수와 어느 정도 일치타당도(concurrent validity)를 가진 것으로 판단할 수 있다.

기준타당도는 실용적 타당도(pragmatic validity)라고 불리기도 한다. 일반적으로 이미 타당성이 확보된 특정 척도를 기준으로 하여 새로운 척도를 구성하는 경우 대개는 이미 타당도가 확보된 기존의 척도가 현실적으로 실용적이지 않아 그에 대한 대안척도를 개발하는 경우가 많기 때문이다(김태성 외, 2006 : 95).

기준타당도에서는 타당도의 크기를 나타내기 위해 측정값과 비교 기준 사이의 상관관계의 크기를 나타내는 계수(correlation coefficient)를 보통 많이 사용한다. 이를 타당도 계수(validity coefficient)라고 한다. 타당도 계수가 절대값 1에 가까워지면 측정의 타당도가 완벽하다고 본다. 0에 가까워지면 타당도가 전혀 없다는 것인데, 측정값이 측정 대상과 무관하다는 뜻이다. 측정값이 모두 오류인 것이다. 따라서 외부 기준을 사용할 때는 이미 타당도와 신뢰도를 널리 인정받은 측정도구를 선택해야 한다(김영종, 2007 : 188).

(3) 구성타당도

구성타당도(construct validity)는 측정대상 개념이 관련을 맺고 있는 개념들이나 가정을 토대로, 이론적인 틀 속에서 측정도구의 타당성을 경험적으로 검증하는 방법이다. 구성타당도는 내용타당도의 확인에다 그것을 경험적으로 확인하는 방법을 추가해서 갖춘 것이다. 즉, 내용타당도에서 기대했던 것과 같은 측정 항목들 간의 관계가 자료수집을 통한 점수들 간의 관계에서도 적절히 드러나는지를 보는 것으로 측정도구가 측정하고자 하는 본질을 얼마나 정확히 측정하는지이다.

구성타당도는 내용타당도와 마찬가지로 개념의 내적 구조(internal structure)에서 측정의 적합성에 대한 근거를 찾는다. 내용타당도가 측정 항목들이 개념의 내적 구조에 적절한 내용을 담고 있는지를 주관적으로 판단하는 것에 그친다면, 구성타당도는 이론적으로 기대되었던 그러한 내적 구조가 경험적으로 확인될 수 있는지를 검사를 통해 검증해 보는 것이다. 그러므로 구성타당도는 측정도구에 대한 타당도를 경험적으로 검증하는 가장 고차원적인 방법이다.

2) 신뢰도

신뢰도(reliability)는 어떤 특정 기법을 동일한 대상에 반복적으로(repeatedly) 적용했을 때 매번 같은 결과가 산출되는가 하는 문제이다. 즉, 신뢰도는 측정에서 무작위 오류(random error)의 양과 관련된다. 측정의 신뢰도가 높을수록 무작위 오류는 작아진다(Rubin & Babbie, 2001 : 190). 예를 들면, 한 사람을 활용해서 몸무게가 얼마나 나가는지를 측정해달라고 묻기로 했다고 하자. 그러자 그 사람이 대상자 중 한 명을 조심스럽게 살펴보더니 65kg이라고 판단했다. 그리고 바로 약 30~40명 정도 다른 사람의 몸무게를 측정한 후 또 부탁했다. 처음의 대상자는 뒤로 사라져서 변장하고 다시 줄을 섰다. 그 대상자의 차례가 되었을 때, 측정자는 그 사람을 70kg으로 판단했다. 이처럼 동일한 대상에 측정한 값이 변하면 신뢰할 수 없는 기법이 된다. 그러나 목욕탕 저울로 사람들의 몸무게를 재어본다고 가정하자. 아무리 영리하게 변장을 하더라도 두 번 다 똑같은 몸무게를 정확히 판단할 것이다. 저울의 척도는 전에 추측했던 것보다 더 신뢰할 수 있는 척도를 제공한다. 그러나 만일 그 목욕탕의 저울이 사람들의 기분을 좋게 하기 위해 5kg을 낮춰서 설정되었다고 가정하자. 그 저울이 매번 똑같은 몸무게를 기록했음에도 불구하고 저울의 체계적 오류(편향된 척도) 때문에 몸무게는 잘못된 몸무게를 가리킬 것이다.

앞에서 언급되었듯이 관찰의 과정은 면접자들과 응답자들에 의해 왜곡될 소지가 많다. 특히 사회과학분야에서 관찰을 통한 측정은 많은 오류를 범할 가능성이 높다. 단순한 예로 걷고 있는 사람을 보는 시각에 따라 달리 해석할 수도 있다. 어떤 사람은 산책 중으로, 다른 사람은 고민하고 있는 중으로 해석할 수도 있다.

현실적으로 하나의 측정대상을 아무리 신뢰도가 높은 측정도구를 사용하여 측정한다고 해도 매번 완전히 동일한 측정값을 얻을 수 있는 것은 아니다. 연구자가 측정하고자 하는 측정대상의 실재값(true value)에 일정 정도의 측정오차(measurement error)들이 더해진 값들이라고 간주할 수 있다. 따라서 좋은 척도란 측정과정에서 이와 같은 측정오차들을 최소한으로 배제할 수 있는 척도라고 할 수 있다(김태성 외, 2007 : 98).

한편 어느 정도의 신뢰도를 확보하여야 좋은 척도인가의 여부는 특정 사회의 사람들이 일반적으로 요구하는 정확성과 엄밀성의 정도에 달려 있다(김기원, 2002 : 208). 사회과학에서 척도의 신뢰도를 평가하기 위한 목적으로 널리 사용되는 대표적 도구인 크론바하의 알파계수(Cronbach's alpha coefficient)의 경우에는 객관적으로 신뢰도를 판단하는 기준이 엄격하게 존재하는 것이 아니라, 일반적으로 계수값이 0.6~0.8 이상일 경우 그 척도의 신뢰도가 우수한 것으로 간주되고 있다(김태성 외 2007 : 99).

(1) 검사-재검사법

검사-재검사법(test-retest method)은 반복된 측정의 결과가 얼마나 유사한가를 결정함으로써 평가된다. 만일 도구가 두 번 또는 연속적으로 측정하였을 때 동일한 개인의 점수가 불변하고 측정되고 있는 변수들에서 클라이언트에게 무언가 변화가 있다고 생각되는 이유가 없다면 조사자는 신뢰할 수 있는 도구로 간주할 수 있다. 이런 유형의 신뢰도 검사는 측정하기가 쉬우며 별도의 질문지를 개발할 필요가 없다. 첫 번째 검사와 두 번째 검사의 실행 사이의 상관계수가 0.70 이상이면 그 검사의 타당도는 받아들일 수 있다(Thyer, 2001 : 61).

이 검사의 주요 단점은 그 도구에 응답하는 사람들이 익숙해진다는 것이다. 그래서 응답자들은 그들의 이전 응답들을 기억해서 반복하기 때문에 일관된 점수가 나올 수 있다. 얼마의 기간이 지나야 재검사를 할 수 있는가에 대해서는 엄밀한 규칙은 없다. 기본 원리는 기간이 너무 길어서 클라이언트에게서 변화가 발생할 수 있을 정도는 아니어야 하며 질문에 대해 직접적으로 기억할 가능성이 거의 없을 정도로 충분한 시간을 기다리는 것이다. 그래서 측정되고 있는 변수의 성격이 중요하다. 현재의 사건에 대한 인식은 빠르게 변화할 수 있지만 퍼스낼리티(personality) 형태는 좀 더 안정적이다. 또한 첫 번째 검사에서 다음 검사의 실행까지 일관성이 유지되는 것이 중요하다. 이것은 동일한 시간, 같은 장소 등 유사한 환경에서 검사를 실행하는 것을 포함한다(Thyer, 2001 : 61).

검사-재검사법의 단점을 보완하기 위해서 등장한 것들이 반분법과 대안비교법이다.

(2) 반분법

반분법(split-half-method)은 기능적으로 동일한 질문지의 두 가지 세트(set)가 동시에 제시된다. 질문지의 두 가지 세트에 대한 응답을 서로 교차시켜 응답이 얼마나 동일한가를 보기 위해 비교된다(Thyer, 2001 : 61). 만약 측정에 사용한 척도의 신뢰도가 높다면 각각의 측정값은 거의 동일한 값을 보일 것이다. 이 방법은 원래 하나의 척도이던 것을 둘로 나누어 측정대상에게 마치 두 개의 별도 측정으로 보이게 함으로써 시험효과를 제거하는 것이다(김태성 외, 2006 : 101).

예를 들어, 아동양육 프로그램에 대한 만족도를 측정하기 위해 질문 20개를 만들었다고 가정하자. 20개의 척도 가운데 무작위로 선택하여 질문문항을 10개씩 두 개의 척도로 나누어 이들을 동일한 대상에 대해 측정한 뒤 두 측정값이 동일한지를 검토하는 것이다. 만일 두 측정값이 유사하다면 이 척도는 신뢰할 만하다고 할 수 있다.

반분법의 장점은 클라이언트가 같은 질문에 한 번 이상 응답하는 것을 제거시켜 준다(Thyer, 2001 : 61). 그러나 이러한 반분법에도 몇 가지 단점이 존재한다. 이러한 단점들은 기본적으로 원래 하나의 척도이었던 것을 둘로 나누는 과정에서 발생한다. 가장 심각한 문제점은 하나의 척도를 동일한 두 개의 척도로 정확하게 반분하는 것이 그다지 용이하지 않다는 것이다. 대개의 경우 하나의 척도는 그 척도를 이루는 각각의 질문항목들이 나름대로의 내적 관계에 의해 구성되는 것이 일반적이다(김태성 외, 2006 : 101). 그런데 척도를 이루는 하위개념을 나타내는 항목들은 측정하고자 하는 변수의 하위개념으로 구성된 척도들일 것인데, 예컨대 자아존중감의 경우 자긍심, 자신감, 자기노출, 개방성으로 이루어진 척도들의 숫자가 충분하지 않을 경우 두 개로 반분한다는 것은 용이하지가 않다.

(3) 대안비교법

대안비교법(alternative-form method)은 유사-양식기법(parallel-forms)기법, 혹은 복수척도법(multiple-forms technique)으로 불리기도 한다. 이 방법은 첫 번째 도구와 동일하다고 간주되는 두 번째 측정도구를 구성할 필요가 있다.

또한 질문지가 더 짧을 수도 있고 언제나 다른 도구로 동일한 대상을 측정하고자 한다. 두 가지의 형태가 동일한 대상에게 측정되어 두 개의 응답이 높은 상관관계가 존재하는지를 평가한다(Rubin & Babbie, 2001 : 192).

이는 앞에서 언급한 검사-재검사법이 가지고 있는 문제점과 반분법이 가지고 있는 문제점을 동시에 극복하는 방법이다. 그러나 서로 다른 두 개의 척도를 사용함으로써 반분법의 단점을 성공적으로 극복할 수 있는 대안비교법은 크게 두 가지 단점을 가지고 있다(김태성 외, 2006 : 102-103).

하나는 실제로 동일한 대상을 측정하도록 개발된 서로 다른 두 개의 척도를 어떻게 확보할 것인가 하는 현실적인 문제이고 다른 하나는 대안비교법을 사용하는 과정에서 척도의 신뢰성을 전혀 판정할 수 없는 경우가 발생한다는 것이다. 두 개의 측정값 사이에 유의미한 정도의 상관관계를 보이지 않을 경우에는 각 척도의 신뢰도에 대하여 정확한 판단을 내리기가 쉽지 않다. 왜냐하면 두 측정값들 사이에 보이는 낮은 상관관계만으로 연구자는 원래 이 두 개의 측정도구가 본질적으로 동일한 측정대상을 측정하기 위하여 고안된 것이 아니라 각기 다른 개념을 측정하도록 고안되었기 때문에 발생한 문제인지를 분명하게 확신할 수 없기 때문이다.

다른 하나는 두 개의 척도 가운데 과연 어떠한 척도가 신뢰도가 있는 척도인지를 판단하는 것 역시 매우 어려운 일이다. 따라서 대안비교법을 사용하여 척도의 신뢰도를 판단하려고 할 경우 두 개의 측정값 사이에 상관관계가 높지 않을 경우에는 결국 각각의 척도에 대하여 앞서 언급한 검사-재검사법이나 반분법을 사용할 수밖에 없다. 이러한 문제를 해결하기 위해서는 가급적 공인된 척도(the established measure)를 비교대상으로 삼아 새로 개발된 척도를 비교하여 신뢰도를 판단하는 것이 최선의 방법일 것이다.

(4) 내적일관성측정법

내적일관성측정법(internal consistency measures)은 하나의 점수를 갖는 각각의 항목은 나머지 항목들의 점수와 상관관계를 갖는다는 것에 기초해 평가하거나 또는 그 항목의 절반을 다른 부분집합들(subsets)의 하위점수들(subscores)과의 상관관계를 평가할 수 있다(Rubin & Babbie 2001 : 193).

대표적인 내적일관성에 의한 척도의 평가방법인 크론바하의 알파계수(Cronbach's alpha coefficient) 계산법은 현재까지 가장 널리 사용되고 있다. 크론바하의 알파값은 척도를 구성하는 각각의 항목에 대하여 그 항목과 다른 항목들 간의 상관관계를 모두 계산하여 그들의 평균치를 구한 것이다. 따라서 해당 척도의 신뢰도가 높을수록 척도를 구성하는 항목들 간의 상관관계는 높아지고 알파값 역시 당연히 높아지게 된다. 크론바하의 알파 계산법이 가지고 있는 장점은 다른 방법과는 달리 실제로 명확한 신뢰도 계수를 제시하여 줄 수 있다는 것이다. 또 하나의 장점은 개별항목들 가운데 척도의 내적일관성을 저해하여 척도 전체의 신뢰도를 저해하는 항목들이 발견되는 경우 이 항목을 차례로 제거해 나감으로써 척도의 신뢰도를 증가시킬 수 있다(김태성 외, 2006 : 104).

3) 타당도와 신뢰도의 관계

측정이 신뢰할 수 있는 바람직스러운 것임에도 불구하고 그 자체의 신뢰도가 타당한 것인지 확신할 수 없다. 학대부모가 자신의 아이를 지키기 위한 선결조건으로 법정에 의해 가족치료에 의뢰되었다고 가정해 보자. 비자발적이기 때문에, 그들은 치료사에게 학대행위들을 인정하는 것을 꺼릴 수 있다. 그와 같은 인정(admissions)이 자신의 아이를 계속해서 보호소(custody)에 머물게 할 것이라고 여기기 때문이다. 만일 그들이 계속해서 자신의 아이를 학대하고 있음에도 불구하고 그에 관한 치료사의 질문에 매번 학대 사실을 부인할 수 있다. 그래서 치료사는 높이 신뢰할 수 있는(즉, 일관된) 자료를 얻게 될 것이다. 치료사가 학대행위에 대해 얼마나 많은 횟수와 방식으로 질문을 했든지 간에 그 대답은 항상 동일할 것이다. 그러나 그 자료는 타당도가 없다. 그 대답은 실제로 질문에서 구조적으로 발생하고 있던 아동학대의 양을 측정하지 않았다. 대신에 실제로 측정되고 있었던 것은 부모가 사회적으로 바람직하지 않은 상을 알고 치료사에게 전달한 거짓 진술이다(Rubin & Babbie, 2001 : 200).

다음 |그림 6-2|는 신뢰도와 타당도의 관계를 나타낸다. '가'는 신뢰도와 타당도가 모두 낮은 경우에 해당한다. '나'는 신뢰도와 타당도가 모두 높은 경우를 의미한다. '다'는 타당도는 낮으면서 신뢰도는 매우 높은 상태이다. 앞서 학대부모의 사례는 바로 이 경우에 해당한다.

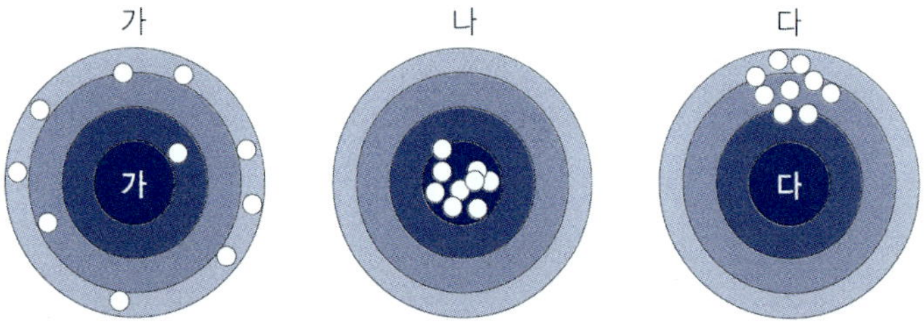

가. 신뢰도와 타당도가 모두 낮은 경우
나. 신뢰도와 타당도가 모두 높은 경우
다. 신뢰도는 높으나 타당도가 낮은 경우

|그림 6-2| 신뢰도와 타당도의 관계

CHAPTER

07 표본추출

1. 표본추출의 개념과 목적
2. 표본추출 관련 용어
3. 표본추출 절차 및 대표성
4. 확률표집
5. 비확률표집

CHAPTER

07 표본추출

이 장에서는 사회복지조사에서 자료를 수집하기 위한 방법으로 널리 사용되고 있는 표본추출의 개념, 목적 및 다양한 방법을 소개한다. 우선 표본추출의 개념과 목적을 알아보고, 주요 개념들, 예를 들면 모집단, 요소, 표본추출, 표본추출단위, 표집틀, 관찰단위, 변수, 통계치와 모수에 대해서 알아본다. 이어서 표집의 대표성과 대표성 있는 표본추출 구성을 위해 필요한 것과 대표성 있는 표본추출에 미치는 영향들에 관해 살펴본다. 끝으로 사회복지조사에서 대체로 많이 사용되고 있는 표본추출 유형들에 대해 알아보도록 한다.

1. 표본추출의 개념과 목적

조사연구에서 연구문제와 가설이 설정되고, 연구설계와 측정방법이 결정되고 나면, 표집을 통한 자료수집에 들어가게 된다. 연구자가 관심을 가지고 있는 연구대상 전부를 포함하고 있는 집단을 모집단(population)이라고 하고 이 모집단에서 일정 부분을 추출하여 하나의 표본집단을 구성하는 작업을 표본추출 또는 표집(sampling)이라고 한다(김환준, 2004 : 124). 조사대상 전체를 조사하는 경우를 전수조사라고 하는데, 일반적으로 사회사업현장에서 자료수집은 전수조사가 대단히 힘들기 때문에 모집단으로부터 모집단을 대표할 수 있는 표본추출을 해야 하는 과정을 흔히 밟게 된다. 예를 들어, 아동학대에 대한 연구를 진행한다고 가정할 때 학대받는 아동과 가해자인 학대부모가 그 연구의 대상이 된다. 이때 학대받는 아동과 부모를 모두 조사한다는 것은 현실적으로 어렵다. 게다가 에이즈 문제나 성폭력 문제, 노숙자 문제 등 실천 현장에서 제기되는 많은 연구문제는 전수조사 자체가 불가능한 경우가 많다.

사회과학조사에서는 연구대상 전체를 대상으로 조사하는 전수조사보다는 표본추출을 이용하는 조사가 선호되는데, 그 이유는 다음 세 가지로 요약된다(김태성 외, 2006 : 122-123).

첫째, 무엇보다 표본추출을 이용한 조사가 전수조사보다는 훨씬 경제적이다. 사회과학조사가 대부분 지리적으로 광범위한 지역을 대상으로 하여 많은 수의 대상을 연구주제로 삼고 있는 것을 감안할 때 표본추출을 이용하여 연구를 행하는 것이 전수조사에 비하여 인적·물적 자원을 훨씬 더 절감할 수 있다.

둘째, 표본추출을 사용하여 조사하는 것이 전수조사보다는 훨씬 더 신속하고 정확한 조사를 가능하게 한다. 일반적으로 대규모의 전수조사는 상당히 오랜 기간의 연구를 필요로 한다. 이러한 경우 문제점은 장기간의 연구기간 동안 연구대상 자체가 변화하거나 혹은 연구대상에 영향을 미칠 수 있는 다른 요인들이 개입할 여지가 커짐으로 인하여 실제로 연구를 시작할 때의 상황과는 매우 다른 조건에서 자료수집이 이루어지기 때문에 상이한 연구결과를 가져올 수 있다.

셋째, 사회조사에 있어서 많은 경우 연구자가 자신이 관심을 가지고 있는 연구대상 전체를 정확하게 확정하기 힘든 경우가 많다. 앞에서 언급했듯이 노숙자와 같이 기본적으로 연구대상의 위치를 확인할 수 있는 주거가 부정확하다든지, 동성연애자나 범죄집단의 구성원과 같이 그 존재를 드러내는 것이 사회적으로 바람직하지 못한 평가를 받고 있는 경우 연구자가 조사하고자 하는 속성을 가진 대상자 전체를 정확하게 확정하는 것이 애초부터 불가능하다. 따라서 이러한 경우에는 표본집단을 구성해서 연구를 진행할 수밖에 없다.

2. 표본추출 관련 용어

1) 모집단

모집단(population)이란 이론적으로 구체화된 연구요소들의 총합이다(Rubin & Babbie, 2001 : 254-255). 모집단이란 연구자가 관심을 가지고 연구하고자 하는 대상들의 전체집합이라고 할 수 있다. 일반적으로 모집단은 연구자의 관심이나 이론적 배경에 근거하여 특정한 변수나 특성을 중심으로 조작적으로 정의된다. 따라서 모집단은 연구자의 조작적 정의에 따라 다소 추상적일 수도 있고 매우 구체적일 수도 있다(김태성 외, 2006 : 124). 예를 들면, 아동복지를 연구할 경우 연구자는 자신의 연구목적에 따라 2019년 현재 5세 이상 10세 미만의 아동을 모집단으로 규정할 수 있다. 모집단을 정의할 때 자신의 연구목적과 변수의 특성을 고려하여 정의하는 것이 중요하다. 예를 들면, 지역사회에 거주하는 사람들이 지역주민이라면, 지역사회를 지리적인 경계로 볼 것인지 아니면 기능적으로 볼 것인지, 지역사회의 범위를 어느 정도로 잡을 것인지 등을 구체화한다. 한 도시 전체를 지역사회라 볼 수도 있고, 그 안의 특정 생활 구역이나 행정 지역으로 나누어진 것을 지역사회로 볼 수도 있다. 또한 누구를 주민이라 하는지에 대해서도 1년 이상 거주자로 할 것인지, 주민등록부 기재자 등으로 할 것인지 다양하게 규정할 수 있다. 이처럼 연구 요소들의 전체 집합이 되는 모집단은 연구자의 이론적인 성격규정을 통해 결정된다(김영종, 2007 : 205).

2) 연구모집단

연구모집단(study population)은 실제로 추출된 표본들의 집합이다. 실제적 상황으로서, 이론적으로 확립된 정의를 충족시켜 주는 모든 요소들이 실질적으로 그 표본추출에서 추출될 가능성을 보장하기는 거의 어렵다. 요소들의 목록이 표본추출 목적을 위해 존재함에도 대체로 그 목록은 다소 불완전하다. 예를 들면, 부주의로 빠트릴 수도 있다. 일부 전화 가입자들은 이름이나 번호가 누락되어 있다. 그래서 연구모집단은 표본이 추출될 요소들의 집합이다. 조사자들은 흔히 자신들의 연구모집단을 이전의 사례들에서 나타난 것보다 아주 많이 제한한다. 모집단과 연구모집단 사이에는 일정한 격차가 있는데 가급적 그 격차를 좁히는 노력이 필요하다. 현실적으로 남겨질 수밖에 없는 격차는 명확히 제시되어야 한다.

3) 요 소

요소(element)는 정보가 수집되고 분석되는 기본 단위이다. 전형적으로 서베이에서 요소들은 사람이나 특정 유형의 사람이다. 예를 들면, 개인, 가족, 조직, 또는 기업은 어떤 연구의 요소가 될 수 있다. 만일 '10세 이하의 아동에 대한 학대사례'로 규정한 경우에는 10세 이하의 아동이 그 요소가 된다. 또한 '서울지역의 3명 이상의 아이를 부양하는 가족'으로 규정하면 서울지역에 거주하는 3명 이상의 아동 부양가족, 즉 가족이 요소가 된다. 대부분의 사회조사에서 필요한 자료의 수집과 분석은 이와 같은 요소를 기준으로 하여 이루어지기 때문에 이러한 요소를 분석단위(the unit of analysis)라고 언급하는 경우도 있다(김태성 외, 2006 : 125). 요소들과 분석의 단위는 어떤 주어진 연구에서 자주 동일하게 사용된다. 요소는 표본추출선택(sample selection)과 관련되고 단위는 자료분석(data analysis)과 관련된다(Rubin & Babbie, 2001 : 259).

4) 표본추출단위

표본추출단위(sampling unit)는 표본추출단계에서 고려되는 요소나 요소들의 집합이다. 단순한 단일표본추출단계에서 표본추출단위는 요소와 동일하다. 다중표본추출단계에서는 다양한 차원의 표본추출단위들이 사용될 수 있다. 예를 들면, 어느 대학에서 연구자가 그 대학 학생들의 사회복지의식조사를 한다고 가정하면 그 대학 단과대학 중에서 표본추출단위를 선택할 수 있고, 선택된 단과대학에서 학과의 표본추출단위를 선택해서 학생들을 표본추출로 삼을 수 있다. 여기에서 대표적인 표본추출단위는 세 단계로 구분되는데, 첫 번째는 단과대학이고, 두 번째는 학과, 마지막은 학생들이 그 요소가 된다. 이때 사용하는 용어는 일차적 표본추출단위(primary sampling units), 이차적 표본추출단위(secondary sampling units), 최종 표본추출단위(final sampling units)라고 표현할 수 있으며 연속적인 단계들을 선정하기 위해 사용된다. 만일 우발적 표본추출방법(연구자에 의하여 계획적으로 수집된 것이 아니라 표본추출이 이루어지는 시간과 장소에 우연히 접근 가능하였기 때문에 표본추출에 추출되는 방법)으로 이런 단계를 거치지 않고 단순한 단일표본추출단계를 사용할 때는 학생들이 표본추출단위가 되며 그 표본추출단위는 요소와 동일하게 된다.

5) 표집틀

표집틀(sampling frame)은 표집이나 표집의 일부 단계로부터 추출된 표본추출단위의 실제적인 목록이다. 단일단계표집(single-stage sampling)설계는 표집틀이 연구모집단의 목록이 된다. 복합표본추출단위에서는 각 단계에 각기 다른 표집틀이 존재한다. 단일단계표집설계에서 표집틀은 연구모집단을 구성하는 요소들의 목록이다. 앞의 예에서는 그 대학의 단과대학 목록, 단과대학 내 학과 목록, 학과 내 학생들의 목록이 표본추출단계에서 각기 다른 표집틀이다.

6) 관찰단위

관찰단위(observation unit) 또는 자료수집단위(unit of data collection)는 정보가 수집되는 하나의 요소 또는 요소들의 집합이다. 분석의 단위나 관찰의 단위는 대체로 동일하다. 그러나 꼭 같을 필요는 없다. 예를 들면, 조사자는 가구원(분석단위)들에 대한 정보를 수집하기 위해 가구주(관찰단위)를 면접(interview)할 수 있다. 따라서 관찰단위와 분석단위가 동일하면 과제가 단순화된다.

7) 변 수

변수(variable)는 앞서 논의된 바와 같이 상호 배타적인 속성들의 집합이다. 예컨대 성, 연령, 인종, 고용상태 등이다. 주어진 모집단의 요소는 주어진 변수에서 자신들의 개별적 속성들로 기술될 수 있다. 사회조사는 흔히 모집단에서 변수를 구성하는 속성들의 분포를 기술하는 것을 목적으로 한다. 그래서 조사자들은 모집단 구성원들 사이에서 다양한 연령들의 상대적 빈도를 검토함으로써 모집단의 연령분포를 기술한다. 하나의 변수는 변량을 가져야만 한다. 만일 그 모집단에서 모든 요소들이 동일한 속성을 갖는다면 속성은 모집단에서 변수라기보다는 상수가 된다.

8) 통계치와 모수

통계치(statistic)란 표본추출이 가지고 있는 값이고 모수(parameter)란 모집단이 가지고 있는 값이다. 어떤 시의 모든 가족들의 평균 소득과 시 인구의 연령분포는 모수이다. 사회조사의 중요한 부분은 추출된 표본을 관찰하여 모수를 측정하고자 한다. 이를 추론통계(inferential statistics)라 하며 표본에서 나온 통계치로부터 모수를 측정하거나 가설을 검증하는 데 사용하는 통계적 방법이다. 그래서 표본추출과 표본추출의 연령분포로부터 계산된 평균소득은 통계치이다. 통계치들은 모수들을 측정하도록 만드는 데 사용된다.

파라미터(parameter)는 모집단에 대해 알고자 하는 어떤 값을 의미하는데, 'mean'을 뜻하는 m의 그리스어 μ(뮤) 등으로 표시한다. 그리고 모집단의 분산도 모수의 일종인데, 이것은 s의 그리스어 σ(시그마)의 제곱, 즉 시그마 제곱(σ^2)으로 표시한다. 모집단의 표준편차는 σ로 표시한다. 즉, 파라미터 값을 직접적으로 알 수는 없으므로 표본으로부터 얻어진 값, 통계량으로 파라미터를 알아내는 방법을 사용한다. 통계분석에서 알파벳 m, s 등으로 표시되는 것은 표본추출집단으로부터 얻게 되는 통계량(statistic)을 뜻하며, 그리스어 μ, σ 등으로 표시되는 것은 모집단의 특성을 나타내는 모수(parameter)들이다(배득종 · 이영숙, 2005 : 33).

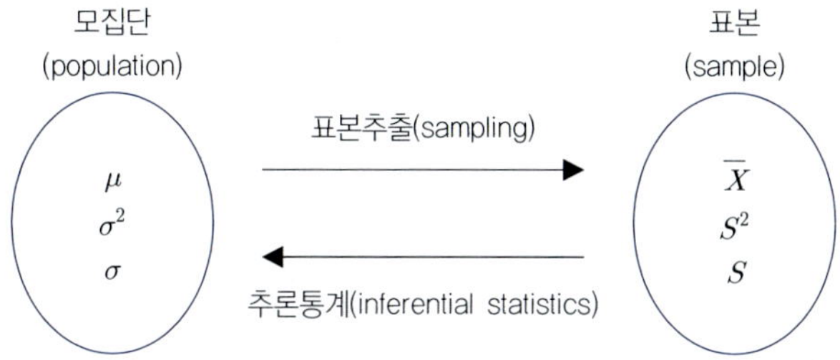

	모수(parameter)	통계치(statistic)
평균 분산 표준편차	μ σ^2 σ	$\overline{X}$ S^2 S

|그림 7-1| 모수와 통계치

3. 표본추출 절차 및 대표성

모집단에서 표본을 추출하는 표본추출과정(sampling procedure)은 일반적으로 모집단 확정, 표집틀 선정, 표집방법 결정, 표본추출 크기 결정, 표본추출이라는 다섯 단계로 진행된다(김기원, 2002 : 267-268; 김태성 외, 2006 : 128-129).

첫째, 모집단을 확정한다. 연구자의 연구목적에 부합하며 모집단에 대하여 높은 대표성을 가진 표본추출을 얻기 위해 무엇보다도 먼저 모집단을 명확하게 확정하는 것이 선결작업이다. 분명하게 확정된 모집단의 개념과 내용은 향후 진행될 표집절차의 방향을 제시하는 역할을 한다. 이를 위해서 연구자는 연구의 내용과 범위, 표본추출단위, 연구기간 등을 명백하게 확정하여야 한다.

둘째, 표집틀을 선정한다. 모집단이 분명하게 확정되고 나면 실제로 표본이 추출될 표집틀을 확보하여야 한다. 표집틀은 조사대상이나 표본단위가 수록된 명단을 말한다. 좋은 표집틀이란 첫째 단계에서 확정된 모집단의 모든 구성요소들을 포괄적으로(exhaustively) 확보하고 있으면서도 이러한 요소들이 이중으로 포함되지 않는 배타성(exclusiveness)을 가지고 있어야 한다.

셋째, 표집방법을 결정한다. 연구자의 목적과 연구의 대상인 모집단이 정확하게 확정되고, 표본이 추출될 표집틀이 확보되면 가정 적절한 표집방법을 결정하여야 한다. 자신의 연구목적 및 상황에 가장 적절한 것인가를 고려하여 다양한 확률표집 및 비확률표집방법들 중에서 효과적인 표집방법을 선택하면 된다.

넷째, 표본추출의 크기를 결정한다. 표본추출의 크기는 표본추출이 모집단을 얼마나 적절하게 대표할 수 있는지의 여부에 직접적으로 영향을 미치는 요인이기 때문에 표집절차를 고려하는 과정에서 매우 중요한 결정사항이 된다. 연구자는 가장 적절한 대표성을 확보할 수 있을 정도의 표본추출 크기를 표집방법, 모집단의 성격, 연구기간과 비용, 연구자 및 조사자의 능력 등의 관련요인들을 상세히 고려하여 결정하여야 한다.

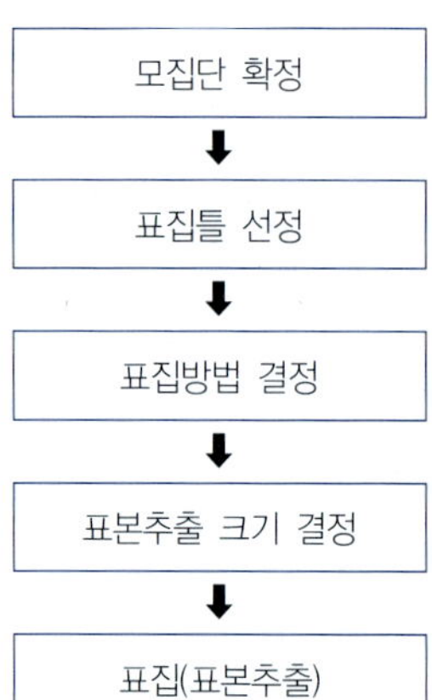

|그림 7-2| **표본추출 절차**

다섯째, 결정된 지침에 따라 실제로 표집을 행한다. 모집단이 확정되고, 표집방법 및 표본추출의 크기가 결정되면 연구자는 결정된 방법에 따라 실제 표집을 실시하여 표본을 확보하게 된다.

다음으로 표본추출에서 가장 중요한 것은 이른바 '대표성(representativeness)'이라는 개념이다. 대표성 있는 표본추출이라고 함은 모집단에 소속된 여러 요소들의 다양한 특성을 골고루 잘 포함하고 있는 표본을 말한다. 즉, 표본추출의 특성이 모집단의 특성과 비슷할수록 대표성이 높은 표본이라고 할 수 있다(김환준, 2004 : 130).

사회과학조사방법론 교과서에 널리 인용되는 두 가지 예는 모수를 정확하게 예측하기 위해서 대표성 있는 표본추출을 선정하는 것이 얼마나 중요한지를 잘 말해준다(Rubin & Babbie, 2001; 김환준, 2004 : 131). 표본추출조사를 통해 미국 대통령 선거결과를 예측한 여러 기관 가운데 「리터러리 다이제스트(Literary Digest)」라는 잡지는 1924~1932년 사이 세 번에 걸친 대통령선거결과를 정확하게 예측해서 크게 평판이 높아졌으나, 1936년에는 무려 1,000만 명에 이르는 많은 수의 표본추출을 조사하였음에도 불구하고 루즈벨트(Franklin Roosevelt, 민주당)가 아니라 랜던(Alf Landon, 공화당)이 대통령에 당선될 것으로 잘못 예측하였다.[1)]

「리터러리 다이제스트」지는 전화번호부와 자동차등록부를 표집틀로 사용하였는데, 당시의 경제여건상 전화 또는 자동차가 없는 사람들이 상당히 많았고 이런 사람들은 표본추출로 선정되지 못하였다. 따라서 표본추출에는 민주당을 지지하는 저소득층이 실제보다 훨씬 적게 포함된 반면, 주로 공화당을 지지하는 중산층 이상으로 표본추출이 편중되어 선거결과를 잘못 예측하게 된 것이다. 「리터러리 다이제스트」지와는 달리 성별, 인종별, 거주지역별

1) 이 실패 사례는 모수를 정확하게 예측하는 데 표본추출의 크기가 그다지 중요하지 않음을 잘 말해준다. 후술하는 바와 같이 표본추출의 크기가 클수록 표집오차는 줄어들고 따라서 예측을 보다 정밀하게 할 수 있다. 하지만 표본추출의 크기보다는 과학적 표본추출방법을 사용하여 표본추출이 모집단을 잘 대표할 수 있도록 하는 것이 훨씬 중요하다. 오늘날 우리나라의 여론조사기관들은 불과 1,000여 명의 표본추출만을 출구조사해도 대통령선거결과를 거의 정확하게 예측한다.

로 일정한 수의 표본추출을 뽑는 할당표본추출법을 사용한 갤럽(Goerge Gallup)은 1936~1944년간의 대통령선거결과를 정확하게 예측하여 큰 명성을 얻었다. 그러나 1948년 선거에서는 예측에 실패하고 말았는데, 그 이유는 미국인구의 도시화를 고려하지 못하고 예전의 인구조사결과를 토대로 지역별로 표본추출을 할당함으로써 농촌인구를 실제보다 과대 포함하였기 때문이다. 이 두 가지 사례에서 알 수 있는 바와 같이 모수를 정확하게 예측하기 위해서는 대표성 있는 표본추출을 선정하는 것이 중요하다.

대표성(representativeness)이라는 용어는 정밀하고 과학적인 의미가 아님에도 불구하고 일반적으로 표본추출에 대한 논의에서는 유용한 개념이다. 만일 표본추출의 전체집합특성들이 모집단과 동일한 전체집합특성들과 밀접하게 유사하다면 표본추출은 모집단에 대해 대표적일 것이다. 표본추출들이 모든 측면에서 대표적일 필요는 없다. 대표성은 그 연구와 본질적인 관심들과 관련된 특성들에 제한된다. 확률표집의 기본 원리는 모집단의 모든 구성원들이 표본추출에서 선택될 동등한 기회를 갖는다고 한다면 표본추출이 자신의 모집단을 대표할 것이라는 것이다. 이런 성질을 갖는 표본추출을 동일확률선택방법(EPSEM : Equal Probability of Selection Method)이라고 흔히들 부른다. 그런데 표본추출에서 동일확률선택방법으로 표본을 주의 깊게 선택하였을 때조차도 완벽하게 모집단을 대표할 수는 없다. 그럼에도 불구하고 확률표본추출은 두 가지 특별한 이점을 제공한다(Rubin & Babbie, 2001 : 259).

첫째, 확률표본추출은 완벽하게 대표하지 못하지만 편향(bias)들을 피할 수 있도록 하기 때문에 표본추출의 다른 유형들보다 모집단을 대표하는 전형적인 형태이다. 둘째, 확률이론은 우리가 표본추출의 정확성과 대표성을 평가할 수 있게 한다.

무작위 선택(random selection)은 EPSEM의 대표적인 방법으로 선택과정의 작위성(作爲性)을 배제하여 집단의 모든 개별 요소들에게 동등한 선택 기회를 주는 것이다. 복권번호 추첨이나 제비뽑기 등이 무작위 선택의 대표적인 형태들이다(김영종, 2007 : 210). 그런데 무작위표집방법이 모집단에 대하여 대표성을 가질 수 있는 표본을 추출하는 최선의 방법인 이유는 무엇일까? 그 이유는 무작위표집방법을 이용할 때 작동하는 무작위 원칙(the principle of randomization)이라고 불리는 자연적인 현상 때문이다(김태성, 2006 : 132-133). 무작위표집방법을 사용하는 경우 모집단의 모든 구성요소들은 동일한 확률로 표본추출에 선택될 가능성을 가지고 있다. 그러므로 모집단에서 표본추출을 선발하는 과정에서 우연하게도 모집단의 속성 가운데 매우 적은 수의 특수한 속성을 대표하는 구성요소들이 일단 선발되었다 하더라도 무작위로 표본선발을 계속해 나가는 과정에서 이러한 요소들과 반대되는 속성을 가진 구성요소들 또한 동일한 확률로 선발될 것이기 때문에, 앞서 선발된 표본들이 가진 특수한 속성을 상쇄(counterbalanced)할 수 있다. 이러한 무작위 선발과정을 계속 진행하여 표본추출을 구성해 나가다 보면 모집단이 가장 많이 가지고 있는 전형적인 속성을 대표하는 요소들로 표본이 채워질 가능성이 더욱더 높아질 것이다.

▼ 무작위표본추출(random sampling)이란?

무작위추출이 되기 위해서는 다음 두 가지 조건을 충족시켜야 한다.
첫째 조건(독립성 조건)은 조사자가 임의로 피조사자를 선택해서는 안 된다는 것인데, 이 조건은 어렵지 않게 충족될 수 있다. 두 번째 조건은 불편성조건이라고 하는 것으로서, 피조사자가 표본추출집단으로 선택될 확률이 동일해야 한다는 것이다. 그런데 이 조건은 충족시키기가 매우 어렵다. '길 가는 사람'의 경우, 조사자가 의도적으로 누구를 표본추출집단에 포함시키고 아니고를 선별할 수 없으므로 독립성 조건을 충족한다. 그러나 '길 가는 사람'을 표본추출집단에 포함시키면, '차를 타고 가는 사람'은 표본추출집단에 뽑힐 확률이 적다. 즉, 불편성의 조건을 위배한다. 가장 이상적인 표본추출방법은 주사위를 이용하는 것이다. 국민 전체에 일련번호를 부여한 다음 주사위를 던져서 나온 번호에 해당하는 사람들을 표본추출로 선별하는 것인데 무작위추출을 위한 두 가지 전제조건을 완벽하게 충족시킬 수 있다. 그러나 국민 전체에 번호를 부여하고, 추출된 번호에 해당하는 사람들을 일일이 찾아가서 여론조사를 한다는 것은 사실상 불가능하다.

> 이런 현실적인 어려움 때문에, 실제 여론조사에서는 순수한 무작위표본추출방법 대신 층화추출(stratified sampling)방법 등 약간의 편법이 가미된 표본추출법을 사용한다. 그러나 엄격한 무작위표본추출의 전제조건을 다소간 어길 수밖에 없기 때문에, 조사상의 오차발생 확률을 감안하여 표본추출의 크기를 다소 증가시키게 된다. 그래서 일반적인 국민여론조사에서는 그 표본추출 크기를 1,500명 내외로 선정하곤 한다(배득종·이영숙, 2006 : 31).

4. 확률표집

모집단으로부터 표본추출집단을 만들어 내는 데 있어서 가장 유의해야 할 점은 표본추출의 크기만큼 중요한 요인이 바로 표본추출의 질(質)이라는 점이다. 확률표집(probability sampling)이란 표본을 추출하는 과정에서 무작위표집(random sampling)방법이 사용되는 표집방법이다. 일반적으로 무작위표집방법을 사용하여 모집단에서 표본을 추출하는 경우 모집단을 구성하는 요소들이 표본에 추출될 확률을 알 수 있을 뿐만 아니라 그 확률이 모든 요소들에 대하여 모두 동일하기 때문에 무작위표집을 사용하는 것이 가장 대표성이 높은 표본추출을 얻을 수 있는 방법으로 알려져 있다. 그러나 이 방법을 현실세계에 적용하려면 많은 노력을 기울여야 하는 문제점이 있다. 그래서 다음과 같은 실용적인 방법들이 사용된다.

1) 단순무작위표집

지적했듯이 단순무작위표집(SRS : Simple Random Sampling)은 무작위 방법을 통해 모집단에서 표본추출을 추출하는 방법으로서 확률표집방법 가운데 가장 간단하면서도 기본적인 것이다. 조사과정(김동욱 외, 2007)은 ① 조사하고자 하는 전체 대상의 모집단을 확보한 후 일련번호를 부여한다. ② 모집단으로부터 무작위로 선택하기 위하여 난수표를 이용하여 크기가 n인 난수를 선택한다. ③ 해당하는 번호와 일치하는 모집단의 대상을 표본추출로 구성한다.

예를 들면, 어떤 연구자가 10,000명의 요소로 구성된 모집단에서 단순무작위표집방법을 사용하여 100명의 표본을 추출하려 한다. 이들 10,000명의 요소들을 식별할 수 있는 각각의 요소들에게 1번부터 10,000번까지의 일련번호를 부여한다. 그런 다음 이렇게 만들어진 표집틀에서 무작위로 번호를 선택하기 위하여 난수표를 이용하여 연구자가 원하는 표본추출 크기인 100명의 요소를 선발하면 된다.

따라서 단순무작위표집은 모집단의 명부인 표집틀과 연구자가 사전에 정한 표본의 크기 그리고 난수표 등과 같은 무작위추출에 필요한 도구만 있으면 언제든지 사용 가능한 간단한 표집방법이다. 그러나 모집단이 매우 클 경우 표본을 일일이 무작위로 뽑는 불편함을 감수해야 한다는 단점이 있다(김환준, 2004 : 143; 김태성 외, 2006 : 137).

2) 체계적 표집

체계적 표집(systematic sampling)은 일련번호가 부여된 모집단에서 첫 번째 표본추출을 임의로 추출하고 두 번째 표본추출부터는 κ번째 원소를 계통적으로 추출하는 방법으로, 1/κ 계통표본추출법이라고도 한다(김동욱 외, 2007 : 340). 단순무작위표집방법은 모집단의 크기가 작거나 연구자가 필요로 하는 표본추출의 양이 그다지 크지 않은 경우에는 매우 효과적인 표집방법이지만, 모집단과 표본추출의 크기가 매우 클 경우에는 표본추출을 추출하는 데 시간과 노력이 많이 든다(김태성 외, 2006 : 137). 따라서 10,000명의 원소들 중에서 첫 번째 표본추출을 임의로 추출하고 두 번째부터는 100번째 요소를 계통적으로 추출하게 되는 과정을 거쳐 100개의 표본추출을 추출하는 방법이다.

체계적 추출법은 계통추출이라고도 하는데 이 방법의 장점은 다음과 같다(김동욱, 2007 : 340). 첫째, 체계적 추출법은 실제조사에 있어서 표본추출이 용이하며 좋은 추출틀을 활용할 수 없을 경우에 실제조사자가 범하는 추출오차가 단순무작위추출이나 층화추출보다 작다. 둘째, 체계적 추출법은 단위비용당 얻을 수 있는 정보가 단순무작위추출보다 많다. 즉, 정도가 높다. 셋째, 실제 조사현장에서 직접 이용이 가능하다. 이러한 장점에도 불구하고 체계적 표집방법을 사용할 경우에 주의해야 할 점이 있다(김태성 외, 2006 : 138-139). 만약 모집단의 요소들이 주기성(periodicity)이라고 불리는 일정한 패턴이나 규칙을 가지고 배열되어 있을 경우에 체계적 표집방법을 사용하여 표본추출을 일정하게 선발하게 되면, 그 표본추출이 모집단이 가지고 있는 특정한 패턴이나 규칙에 영향을 받아 대표성이 현저히 떨어지는 표본추출을 얻을 수 있는 위험성이 있다. 따라서 모집단이 가지고 있는 주기성에 표집에 영향을 미치지는 않는가를 반드시 검토하여야 한다.

3) 군집표집

대규모 사회조사, 예를 들면 인구・주택 총조사보고서 혹은 모집단이 상대적으로 넓은 지역을 대상으로 연구를 해야 하는 경우에는 단순무작위표집이나 체계적 표집방법을 사용하기가 대단히 어렵다. 왜냐하면 이들 방법으로 표본추출 단위를 추출하려면 모집단 전체에 대한 표집틀의 확보와 비용과 시간이 엄청나게 소요된다. 따라서 이에 대한 대안으로 군집표집(cluster sampling)을 사용하는 것이 매우 유리하다. 집락추출법이라고도 하는데, 간단히 정의하면 모집단의 대상들을 여러 개의 집락 또는 군집으로 묶어서 군집들을 추출단위로 하여 확률적인 방법으로 표본추출군집을 추출한 후 추출된 표본추출군집 내의 대상들을 표본추출로 선택하는 방법이다. 예를 들면, 서울의 초등학교 1학년 학생들에 대한 조사에서 1,000명의 학생을 표본추출로 추출한다고 가정할 때 단순무작위표집이나 체계적 표집은 표본추출을 추출하기 위해 서울의 모든 초등학교 학생들에 대한 명부, 즉 표집틀을 확보하여야 한다. 또한 전체 학생 수에 대해 일련번호를 부여하고 난수표를 이용하여 추출한다는 것은 시간과 노력이 엄청나게 소요된다. 그러나 군집표집에서는 몇 개의 하위그룹인 군집(cluster)으로 구분한 다음 이러한 하위그룹을 대상으로 무작위표집이나 체계적 표집방법을 사용하여 확률표집을 할 수 있다. 서울시라는 넓은 지역에서 하위행정구역인 구들을 군집으로 구성한 다음 이들 25개의 구 가운데 5개의 구를 단순무작위로 표집한다. 두 번째 단계로 연구자는 선발된 5개의 구별로 각각의 구에 소재하고 있는 초등학교들로 구성된 군집에서 각각 10개씩의 학교를 무작위로 선발할 수 있다. 그리고 마지막 단계로 이들 선발된 학교별로 1학년 학생이라는 최종표집에서 20명씩의 학생을 무작위로 선발하면 된다. 이와 같이 여러 단계에 걸쳐 군집표집이 이루어지는 경우를 특히 다단계 군집표집(multi-stages cluster sampling)이라고 한다(김태성 외, 2006 : 141).

군집표집은 다음과 같은 경우들 때문에 매우 효율적이다. 첫째, 집락들로 구성된 표집틀은 쉽게 얻어질 수 있으나 표집틀을 얻는 비용이 아주 비싼 경우에 사용할 수 있다, 전부 포함된 명부를 구해야 하는 힘든 작업을 피할 수 있다. 즉, 군집표집에서는 각각의 표본추출단계에서 해당 군집 명부만 확보할 수 있으면 된다.

둘째, 표집틀뿐만 아니라 원소들 간의 거리가 멀어서 관측값을 얻는 비용이 증가하는 경우에 매우 유용하다. 즉, 최종적으로 선발된 요소들이 단순무작위표집을 사용했을 때보다 지리적으로 적게 분산된다. 그러므로 군집표집은 시간과 노력을 많이 절감할 수 있다.

〈표 7-1〉 군집표집의 사례

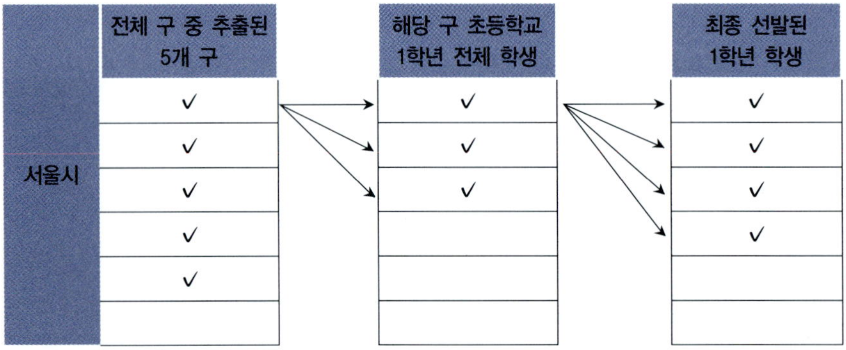

그런데 군집표집을 사용할 경우 표본추출의 대표성과 관련하여 연구자가 주의하여야 할 점이 있다(김태성 외, 2006 : 142-143).

군집표집을 사용하여 구성한 표본추출이 상대적으로 높은 대표성을 갖기 위해서는 상위군집은 매우 동질적(homogeneous)이면서 하위군집이나 최종 선발요소는 매우 이질적인(heterogenous) 경우이어야 한다. 즉, 상위군집인 각 구들, 선발된 군집과 탈락된 군집들 간에는 매우 동질적이어야 한다. 마찬가지로 구 표본추출단위와 10개 학교에 이르는 상위군집단위는 추출된 군집과 탈락된 군집이 동질적일수록 표본추출의 대표성을 반영할 수 있다. 군집표집에서는 첫 번째 단계에서 배제된 군집의 요소들은 다음 단계를 거치면서 최종 표본추출에 포함될 수 있는 가능성이 원천적으로 배제되기 때문이다. 만일 첫 번째 단계에서 선발된 군집이 특정 속성만을 가지고 있어 편중되었다면 최종 표본추출이 가지는 전체 모집단에 대한 대표성은 현저히 낮아질 수밖에 없다. 결국 상위군집 내부에 이질성이 크면 클수록 표본추출의 대표성은 떨어진다. 반면에 최종 선발요소인 학생들은 매우 이질적일수록 대표성을 높일 수 있다. 이러한 단점을 극복하기 위하여 군집 간 이질성이 높은 첫 번째 단계의 무작위 추출과정에서 최대한 많은 수의 표본추출을 선발하여 대표성을 높이는 것이 필요하다. 그런데 대표성을 높이기 위하여 첫 번째 군집에서 선발하는 표본추출수를 무한정 늘리게 되면 군집표집을 이용하여 표본을 추출하는 본래의 장점을 잃어버리게 된다. 이와 같이 모집단을 구성하는 요소들이 매우 이질적인 군집으로 구성되어 있을 경우에는 군집표집을 사용하는 것보다는 층화표집이 대안이 될 수 있다.

4) 층화표집

모집단 내의 상이하고 이질적인 원소들을 중복되지 않도록 동질적이고 유사한 원소들로 묶은 여러 개의 하위집단으로 나누어 층(strata)을 형성하여 각 층으로부터 단순무작위추출에 의해 표본을 추출하는 방법을 층화추출법(stratified sampling)이라 한다. 층화추출의 특징은 다음과 같다(김동욱 외, 2007 : 331). 첫째, 층별 결과분석으로 각 층별 비교가 가능하다. 둘째, 조사대상이 되는 표본추출의 관리가 용이하다. 셋째, 조사의 정도(precision)가 높아진다. 또한 층화추출법에서는 각 층으로부터 표본을 추출하게 되므로 효율적인 층화를 위해서 다음과 같은 사항을 고려해야 한다(김동욱 외, 2007 : 331). 첫째, 층내는 동질적으로 하고 층간은 이질적으로 층을 구성한다. 둘째, 층의 크기는 균등하게 구성한다.

층화표집은 모집단에 대한 지식을 바탕으로 하는데, 모집단에 대해 알고 있는 속성을 기초로 표본추출들을 층으로 나눈 후, 각 층별로 무작위 표본추출을 하는 것이다. 이 경우 층으로 구분하는 변인은 되도록 관찰하고자 하는 속성에 근거하는 것이 일반적이다. 의미 있는 속성으로 층화하는 것은, 예를 들면 성별, 지역, 소득수준, 교육수준 등의 모집단의 특성에 따라 하위집단으로 나누는 것으로, 연구하고자 하는 목적에 따라 다르게 적용될 수 있다. 다만, 층화의 목적에 사용되는 변수의 수는 가급적 최소화하는 것이 좋다. 연구자가 가지고 있는 문제나 변수에 영향을 미칠 수 있는 소수의 핵심변수(core value)를 사용하여 계층을 구성하는 것이다.

5. 비확률표집

비확률표집(non-probability sampling)이란 모집단에서 표본을 추출하는 과정에서 확률이론에 근거한 무작위 표집(random sampling)을 전혀 사용하지 않는 표집방법을 말한다. 그러므로 비확률표집은 연구자가 관심을 가진 변수와 직·간접으로 관련된 수많은 요인들을 표집과정에서 거의 통제할 수 없기 때문에 모집단에 대한 표본추출의 대표성은 매우 낮을 수밖에 없다(김태성 외, 2006 : 148).

그럼에도 사회사업은 대규모의 사회서베이에서 사용되는 확률표본추출들의 종류를 선택하는 것이 가능하지 않은 상황 속에서 비확률표집방법을 자주 사용하게 된다. 우리가 무주택자에 대해 연구한다고 가정해 보자. 무주택자에 관한 모든 목록은 이용할 수가 없고 여러분은 스스로 그런 어떤 목록을 만들 가능성이 없다. 더구나 확률표집이 가능함에도 불구하고 적절하지 않을 때가 있다. 많은 상황들 속에서 비확률표집절차가 필요하고 이런 선택에서 우리는 네 가지 유형을 검토할 것이다.

1) 우발적 표집

우발적 표집(accidental sampling)은 비확률표집 가운데서도 가장 대표성이 낮은 표집이다. 우발적 표집에서 추출된 표본추출은 연구자에 의하여 계획적으로 수집된 것이 아니라 표집이 이루어지는 시간과 장소에서 우연히 접근 가능하였기 때문에 표본추출에 추출된 것에 불과하다(김태성 외, 2006 : 148).

그러나 만날 수 있는 실험대상자, 예를 들면 길거리나 다른 장소에서 사람들을 멈춰 세우는 방법 등에 의지하는 것은 너무나 자주 이용되고 있음에도 불구하고 아주 위험한 표집방법이다. 이는 사람들이 구체적인 시기에 표집시점을 지나가는 성격을 연구하기를 원하거나 가능한 덜 위험한 표집방법들이 존재하지 않을 때만이 정당화된다. 이런 방법의 적용이 가능하다는 근거가 있어서 정당화될 때조차도 조사자들은 그런 결과를 일반화하는 데 주의를 기울여야 하며 이런 방법들과 관련된 위험에 대해 독자들에게 주의를 환기시켜 주어야 한다(Rubin & Babbie, 2001 : 253).

2) 할당표집

할당표집(quota sampling)은 표적집단의 특성을 기술하는 일종의 행렬로 시작한다. 그 집단의 남성과 여성의 비율이 어느 정도인가, 그리고 다양한 연령범주들, 교육수준, 인종집단 등이 어떤 비율로 분류되는가를 기술하는 것으로 시작한다. 일단 하나의 행렬을 만들고 행렬의 각각의 셀(cell)에 상대적인 비율을 할당하면, 우리는 어떤 주어진 셀의 모든 특징들을 가진 사람으로부터 자료를 수집할 수 있다. 어떤 주어진 셀에 가중치가 할당되고 그 가중치는 전체집단에 대한 자신의 비율에 적합하게 한다(가중치부여 : weighting). 표본추출의 모든 요소들에 가중치가 부여되면, 전체자료는 전체집단의 합리적 대표성을 제공한다.

할당표집은 몇 가지 본질적 문제가 있는데 대표적인 예는 다음과 같다.

첫째, 할당틀(quota frame : 다양한 셀들이 나타내는 비율들)은 정확해야만 한다. 이런 목표를 위해 최신정보가 필요하지만 이것을 수집하는 것이 대체로 어렵다. 즉, 모집단에 의해 알려져 있지 않은 변수로는 나눌 수 없다는 것이다. 모집단의 모든 변수의 비율을 미리 안다는 것은 현실적으로 불가능하다.

둘째, 비록 그 집단의 자체 비율이 정확하게 평가되었음에도 불구하고, 편향(bias)들이 어떤 주어진 셀들 내에서 표본추출요소들의 선택 속에 존재할 수 있다. 즉, 각각의 셀이 어떤 비율로 정확하게 할당되었다고 해서 그들이 가지고 있는 다양한 속성들까지 같은 것은 아니다. 이것은 할당과정이 확률표집으로 선택된 것이 아니고 비율에 의해 의도적으로 표집하였기 때문에 피할 수 없는 문제이기도 하다. 바로 이 점 때문에 층화표집과 다르게 표본을 선정할 때 무작위추출방법을 사용하지 않는다(Rubin & Babbie, 2001 : 254-255).

3) 의도적 표집

가끔 조사자는 모집단, 모집단의 요소들과 조사목적들의 성격에 대한 여러분 자신의 지식을 기초로 표본추출을 선택할 수 있다. 간결하게 표현하면 조사자의 판단과 연구의 목적에 근거하는 것이다. 특히 어떤 질문지의 초기디자인에서 다양한 응답자들에게 질문의 폭넓은 적용 가능성을 검사하기를 원할 수 있다. 연구결과가 어떤 의미 있는 모집단을 대표하지 않을 수 있음에도 불구하고 그 조사방향은 당신의 질문지에서 어떤 이상한 결함들을 효과적으로 드러낼 수 있다. 그러나 이런 상황들은 본 조사에서보다는 사전검사에서 고려될 수 있다.

예를 들면, 하위집단의 많은 구성원들이 쉽게 확인할 수 있지만 그들 모두를 열거하는 것은 사실상 불가능하고 규모가 보다 큰 어떤 모집단의 작은 하위집단을 연구하고자 한다고 가정하자. 예를 들면, 무주택자들에 대해 연구하고자 한다. 많은 무주택자들은 도시의 특정 지역, 보호소 근처나 구세군시설, 또는 다른 사회복지시설 같은 곳에서 많이 볼 수 있다. 그러나 그들의 전부를 정의하거나 표본추출을 추출하는 것은 실현 가능성이 없을 수 있다.

가장 많이 볼 수 있는 노숙자 전부 또는 어떤 표본추출을 연구함에 있어서 조사자의 목적을 위해 충분한 자료를 수집할 수 있다. 특히 연구가 탐색적이라면 시설 직원들에게 물을 수 있는데, 즉 직원들이 생각하는 사례들을 엄선하는 데 있어서 직원들이 잘 알고 있는 노숙자모집단의 부분들을 대표한다는 사례들에 대해 직원들의 판단을 활용하기 위하여 그런 시설 직원들에게 물을 수도 있다.

노숙자를 표적집단으로 하는 새로운 사회서비스 재정을 확보하기 위해 보조금 제안서를 작성하고 있다고 가정하자. 그리고 그 재정지원은 여러분의 제안서가 그 지역사회에서 노숙자의 사회서비스욕구에 대한 사정(an assessment)을 포함한다고 가정하자. 기관의 부족한 재정과 제안서 제출 마감날짜가 임

박해 있다는 것을 감안하면 확률표집을 이용하여 노숙자에 대한 지역사회의 광범위한 서베이를 수행한다는 것은 시간도 없고 그럴 만한 돈도 없다. 하나의 선택이 있을 수 있는데 지역사회 지도자들, 자신들이 연구대상으로 삼고 있는 것에 대해 정통한 전문가들을 중심으로 의도적 표집(a purposive sample)을 선택하는 것이다.

여러분은 지역사회에서 노숙자의 욕구를 가장 잘 아는 사람들의 범위와 최고로 대표하는 중요인물들에 대해 여러분의 판단으로 엄선하기 위해 지역사회에 관한 여러분의 지식을 활용할 수 있다. 그래서 노숙자들의 욕구를 측정하기 위한 것으로서 그들을 서베이하는 것이다.

때로는 의도적 표집(purposive sampling)은 전형적인 사례들이 아니라 불규칙적인 사례(atypical cases)를 선택하는 데 사용된다. 이것은 일반적으로 우리가 가설을 형성하기 위해 어떤 현상의 반대방향의 극단을 비교하고 싶을 때 사용된다. 예를 들면, 효과적인 실천의 속성들에 대한 통찰을 얻기 위해 사회복지실천가가 극단적으로 비효과적으로 생각하는 사례들과 매우 성공적으로 간주하는 사례들을 엄선할 수 있다(Rubin & Babbie, 2001 : 254).

4) 눈사태 표집

눈사태 표집(snowball sampling)은 일부 조사자들이 우발적 표집의 한 형태로 간주한다. 이 과정은 질적 현장조사에서 가장 흔하게 사용된다. 눈사태 표집은 어떤 특별한 집단의 구성원들을 찾아내기 어려울 때 적합하다. 사회과학에서 이루어지는 많은 조사들 가운데 상당수는 조사대상의 위치나 소재지를 정확하게 파악하기 힘든 경우가 많다. 예를 들면, 마약복용자, 동성연애자, 노숙자, 이주노동자, 불법이민자, 에이즈환자 등의 연구는 소재파악 자체가 어렵기 때문에 눈사태 표집이 적합하다. 눈사태 표집 절차는 찾을 수 있는 표적집단의 몇몇 구성원들로부터 자료를 수집하여, 알고자 하는 그 집단의 다른 구성원들을 찾아내는 데 필요한 정보를 그들이 제공하도록 요청하는 것으로 이루어진다. 눈사태라는 용어는 발견된 각각의 실험대상자들이 다른 사람들을 넌지시 말하는 것으로서 눈사태처럼 실험대상자들을 늘려나가게 되는 과정을 일컫는다. 이 표집과정은 탐색적 목적을 위해 사용되며 소수의 대상을 중심으로 심도 있는 질적 연구를 수행할 경우에 주로 활용된다.

CHAPTER

08 질문지 작성

1. 질문지 작성의 원칙
2. 질문의 대상 및 범위 확정
3. 질문항목의 선정
4. 질문문항의 작성
5. 질문지 구성
6. 사전조사

CHAPTER

08 질문지 작성

오늘날 서베이(survey)는 사회과학에서 관찰의 형태로 가장 흔하게 사용되고 있다. 여러분은 아마도 한 번 이상 어떤 사회조사에 응답자가 되어본 적이 있을 것이다. 또 어쩌면 한 번쯤 자신의 사회조사를 실시해 본 적이 있을 것이다. 전형적인 서베이는 조사자가 응답자들의 표본추출을 선택하고 그들에게 표준화된 질문지(questionnaires)로 시행한다. 서베이들은 다음과 같은 특징을 가진다(김영종, 2007 : 232-233).

첫째, 어떤 한 시점을 기준으로 자료들이 수집된다.

둘째, 고정적인 일련의 질문들로 구성되어 있다.

셋째, 양적(quantitative) 분석을 전제로 한다.

서베이 조사로 수집된 자료들은 시간적 우선성을 경험적으로 나타내지 못한다. 원인과 결과 변수들의 자료가 동시에 획득되기 때문에, 수집된 자료 자체로는 시간적으로 어떤 변수가 앞서고 어떤 변수가 뒤서는가를 검증해 보일 수 없다. 따라서 이렇게 획득된 자료를 통해 경험적으로 직접 증명이 가능한 것은 대부분 상관관계(인과관계 확인의 첫 번째 조건이 되는 공변성)에 국한된다(김영종, 2007 : 233).

1. 질문지 작성의 원칙

좋은 질문지는 통합된 하나의 전체를 이룬다. 조사자는 질문을 자연스럽게 응답하도록 엮어내야 한다. 좋은 서베이 질문을 위한 두 가지 핵심적인 원리가 있다. 혼란을 피하고 마음속으로 응답자의 관점을 유지하는 것이다. 좋은 서베이 질문들은 조사자에게 타당도와 신뢰할 수 있는 측정을 제공한다. 좋은 서베이 질문들은 응답자들이 질문을 이해하고 자신의 답변이 의미가 있다는 것을 느끼도록 도와준다. 응답자의 관점과 맞지 않는 질문이나 응답자들이 복잡하게 찾아내는 질문들은 좋은 척도가 아니다. 만일 응답자들이 이질적(heterogeneous)이거나 다양한 생활환경의 출신이라면 조사자들은 특별한 주의를 기울여야 한다.

조사자들은 딜레마에 직면할 것이다. 조사자들은 특정 질문에 대해 모든 응답자들이 정확히 동일한 의미로 받아들이기를 바란다. 그러나 질문들이 과연 응답자들에게 동일하게 명확하고 관련된 의미를 내포할 것인가? 만일 응답자들이 다양한 배경과 관계형태를 가지고 있다면 문항들은 정확히 동일한 의미를 갖지 못할 수 있다. 우리가 앞서 살펴본 바와 같이 질문지 작성은 과학이라기보다는 예술 이상의 것이다. 질문지 작성은 기술, 연습, 인내와 창의성들을 필요로 한다. 또한 전문용어나 반말, 약어 등을 피하고 다의성(ambiguity)이 있거나 애매하거나 혼동을 유발하는 문장도 피해야 한다. 예를 들면, '당신의 소득은?'이라는 질문은 주 단위인지, 월 단위인지, 연 단위인지를 알 수 없고 가족단위인지 개인단위인지를 알 수 없다. 또한 특별한 지위를 나타내는 용어나 감정이 들어간 언어들을 피해야 하며, 이중의 내용이 담긴 질문(double-barreled questions)을 피해야 한다. 예를 들면, '이 회사는 연금이나 건강보험급여를 제공합니까?'라는 질문은 연금과 건강보험을 동시에 질문하고 있어 둘 중에 하나가 있을 수 있는 경우 답할 수 없도록 만든다. 이 밖에도 질문을 유도한다든가, 응답자의 능력 범위를 넘어서는 질문, 이중부정, 중복되고 균형을 상실한 범주구성 등은 질문지 작성 시에 피해야 할 사항들이다.

2. 질문의 대상 및 범위 확정

질문의 대상은 연구목적을 성취하기 위해 선정된 관찰 대상자들로 간주할 수 있다. 질문지를 작성하는 첫 번째 과정은 누구를 대상으로 무슨 내용을 어떻게 질문할 것인지를 정하는 것이다. 예를 들면, 노인을 대상으로 한 질문지인지, 아동을 대상으로 한 것인지, 대학생인지, 노동자인지에 따라 앞서 설명한 바와 같이 응답자의 관점에서 사고하고 질문지를 작성해야 하기 때문에 질문의 형태나 내용이 매우 달라질 수 있다. 또한 면접조사방식인지 자기기입식 조사방식인지에 따라 질문의 난이도와 문항구성이 달라질 수도 있다.

따라서 대상자들을 먼저 설정하고 질문지의 내용과 범위를 정하는 것이 바람직하다. 내용과 범위설정에서 중요한 것은 역시 연구목적에 부합하도록 해야 한다는 것이다. 즉, 질문지의 범위를 너무 넓게 선정한다든지 좁게 선정한다든지 할 때 측정하고자 하는 연구의 측정에 있어서 타당도를 현저히 훼손할 우려가 있다. 따라서 가설에 따른 변수의 측정에 필요한 범위를 정확히 반영하도록 구성하는 것이 중요하다.

3. 질문항목의 선정

질문의 목적과 범위가 확정되면 질문항목을 선정해야 한다. 이 경우 가설의 주요 내용에 대한 개념화와 조작적 정의과정이 이루어졌고 독립변수와 종속변수가 확정된 것에 기초해서 조사항목을 선정하게 된다. 예를 들어, 가정폭력과 청소년 학교폭력의 관계 파악을 위한 질문지 작성을 가정할 때 우선 조사항목(가표)을 작성하게 된다. 조사항목은 대체로 일반적 조사사항으로 인구사회학적 특성을 조사항목에 배치하며, 성, 연령, 학력, 주거형태, 소득 정도 등을 나타내는 세부사항으로 구성된다.

그 다음으로 가설에 근거하여 독립변수에 대한 개념적 정의와 종속변수에 대한 개념적 정의에 기초해서 독립변수에는 부부폭력의 목격, 부모-자녀 학대경험을 설정하고 종속변수에는 학교폭력의 경험 정도를 설정하게 된다. 이렇게 설정된 독립변수와 종속변수의 개념적 구성이 완성되면 이들 개념들을 구체적으로 측정할 방법과 측정도구를 결정하게 되는데, 이때 개념적 구성에서 하위개념들에 대한 범주구성을 할 필요가 있다. 예를 들면, 독립변수의 개념적 정의가 부부폭력의 목격과 부모-자녀 학대경험으로 정해진 상황에서 이에 대한 하위개념에 대한 범주 설정은 부부폭력 목격의 경우 신체적 폭력과 언어적 폭력으로 하위개념화 할 수 있으며 부모-자녀 학대경험은 신체적 학대, 언어적 학대, 정서적 학대 등으로 하위개념화를 설정할 수 있다. 종속변수인 학교폭력 경험의 개념 역시 하위개념을 괴롭힘, 신체적·언어적·정서적 폭력, 금품갈취로 설정할 수 있다.

이렇게 하위개념이 설정되면 하위개념들에 대한 측정이 가능한 도구인 질문지와 연결시켜 주는 세부사항들을 작성하게 된다. 이 세부사항들은 하위개념들을 측정하도록 하는 조사항목들로 이루어진다. 예컨대 신체적 폭력은 따귀, 밀침, 차거나 주먹으로 때림, 흉기로 위협과 같은 것으로 측정이 가능하기 때문에 세부사항에서 가급적 충분히 숙고하여야 한다. 학교폭력의 경험에 대한 하위개념인 금품갈취 역시 돈과 물건이 주요 측정 항목이 될 수 있다. 따라서 세부사항에 포함되도록 하는 것이다.

정리하면 독립변수와 종속변수에 대한 개념적 정의에 근거해서 대분류로 나누어지며 중분류로서 조사항목으로 이루어지는데, 이것은 변수들에 대한 개념적 정의의 하위개념들로 구성된다. 다시 이 하위개념들에 해당하는 조사항목은 세부사항으로 분류되는데, 이는 실제 측정할 수 있는 항목들로 구성되어 질문의 형태로 발전하게 된다. 이를 〈표 8-1〉과 같이 '가정폭력과 청소년 학교폭력의 관계 파악을 위한 질문지 작성의 가표'로 나타낼 수 있다.

〈표 8-1〉 가정폭력과 청소년 학교폭력의 관계 파악을 위한 질문지 작성의 가표

대분류		중분류	세분류
일반적 사항과 변수들에 대한 개념적 정의		조사항목 : 하위개념의 정의	세부사항 : 측정이 가능한 조사항목
일반적 사항		인구사회학적 특성	• 성 • 연령 • 인종 • 학력 • 주거형태 • 소득(월 또는 주)
독립변수	부부폭력 목격	신체적 폭력	따귀, 밀침, 차거나 주먹으로 때림, 흉기로 위협 등
		언어적 폭력	욕설, 모욕적인 발언, 고함 등
	부모-자녀 학대경험	신체적 학대	따귀, 밀침, 차거나 주먹으로 때림, 흉기로 위협 등
		언어적 학대	욕설, 모욕적 발언, 고함 등
		정서적 학대	학습지도, 말벗, 압박감, 우유부단함, 자살시도, 부정적 이미지 등
종속변수	학교폭력 경험	괴롭힘	심부름, 숙제 등
		신체적 · 언어적 폭력	놀림, 욕설, 구타, 협박 등
		금품갈취	돈, 물건
		심리적 폭력	따돌림, 무시 등

출처 : 김태성 외(2006), p. 199의 <표 8-1> 참고.

4. 질문문항의 작성

질문지에 포함될 조사항목과 세부사항이 결정되고 나면, 즉 개념과 하위개념들이 정의되고 세부조사항목들이 정해지면 개별문항을 구성하여야 한다. 척도구성의 최종단계로서 질문문항은 측정의 타당성과 신뢰도에 중요한 영향을 미치게 된다. 하나의 척도에서 일반적 개념들은 다수의 문항으로 대표된다. 질문지는 단어(words)와 구(phrases), 문장(sentences)들로 구성된다. 따라서 앞서 논의되었던 세부사항들에 근거해서 주밀하게 문항을 작성하여야 한다. 특히 자신의 연구가 독특하거나 일반적으로 사용되는 척도가 아닐 때는

주의를 기울여야 한다. 개별문항을 작성할 때는 어떠한 질문형태로 어떤 문구를 사용하여 구성할 것인지 결정해야 한다. 즉, 질문의 형태를 개방형 질문(open-ended question)으로 할 것인지 폐쇄형(closed-ended question)으로 할 것인지를 결정해야 하는 것이다. 또한 조사응답자의 특성, 조사결과의 분석 및 해석 방법 등도 질문형태의 고려사항이 된다.

1) 질문의 형태

사회복지 실천현장의 상담기법에서 다루는 개방형 질문과 폐쇄형 질문의 의미와 질문문항 작성에서 말하는 개방형 질문과 폐쇄형 질문이 의미하는 바는 다소 상이한 점이 있다. 상담기법에서 폐쇄형 질문은 상담에 응하는 사람으로부터 정보를 이끌어 내는 데 있어서 화제를 규정하고 클라이언트의 반응을 몇 마디의 말이나 단순히 '예'라는 대답 혹은 무응답으로 제한하게 된다. 예를 들면, '언제 이혼하셨죠?', '마지막으로 건강검진을 받은 게 언제였죠?' 등과 같은 폐쇄형 질문은 클라이언트를 제한하고 제한된 정보만을 이끌어 내는 질문들을 일컫는다. 반면 개방형 질문은 클라이언트가 더 광범위하게 표현을 하도록 하며, 클라이언트 스스로 가장 관계 깊고 중요하다고 생각하는 것을 표현할 여지를 남겨두는 질문이다. 예컨대, 사회복지사가 '당신은 딸에 대해서 말씀하셨는데, 제게 따님이 어떻게 문제와 연관되는지 말씀해 주시지 않겠어요?', '혹은 무엇이 당신으로 하여금 잘못해 왔다는 두려움을 주나요?'와 같이 개방형 질문은 클라이언트의 다양한 반응을 이끌어 내게 된다(Hepworth, Rooney, & Larsen; 허남순 외 공역, 2004 : 91-93). 상담에서 사용하는 개방형 질문과 폐쇄형 질문은 면접할 때 사용하는 질문 방법에 관한 것이다.

그러나 서베이에서 개방형 질문과 폐쇄형 질문은 질문지를 통해서 응답자에게 기록하도록 하는 방법으로 사용한다. 개방형 질문은 응답자가 자신의 응답을 자유롭게 기록할 수 있는 질문 형태를 말하는 것으로 '귀하는 장애인 복지를 위해 가장 시급한 문제가 무엇이라고 보십니까?' 혹은 '사회복지사들의 사기를 높이기 위해 무엇이 필요하다고 생각하십니까?'와 같이 묻고 일정한 빈칸(　　　)에 생각이나 느낌 등을 작성하도록 하는 질문형태이다. 따라서 미리 정해진 응답범주를 제공하지 않고 응답자가 자유롭게 자기의 견해를 표현하도록 하는 방법이다.

반면 서베이에서 폐쇄형 질문은 미리 정해진 응답범주를 제공하여 그중에서 응답을 선택하도록 하여 표준화된 응답을 유도하는 질문이다. 예를 들면, '귀하는 귀하가 거주하고 있는 시에서 가장 시급한 사업이 무엇이라고 생각하십니까?' ① 주거, ② 교통, ③ 환경, ④ 교육, ⑤ 문화, ⑥ 기타(　　)로 나타낼 수 있다.

질문지법에서 사용하는 폐쇄형 질문과 개방형 질문은 이와 같이 문항들의 범주선택에 관한 것이고 상담과 같은 면접법에서는 질문에 대한 반응형식에 따라 분류한 것이다.

2) 개방형 질문의 장점과 단점

개방형 질문은 응답자의 사고의 과정, 정보의 양 및 의견 감정의 강도 등을 잘 표현할 수 있는 장점이 있다. 또한 개방형 질문에 대해 때로는 예상하지 못했던 응답을 하기 때문에, 연구자가 생각하지 못했던 내용을 얻거나 새로운 연구주제의 실마리를 제공받을 수 있는 장점이 있다(김태성 외, 2006 : 201). 반면 응답자의 자유로운 응답으로 인해 응답 내용을 분석하기 위해 입력할 때 해석상의 의미가 자의적일 수 있으며 의미의 분류에 소요되는 시간이 대단히 많이 걸릴 수 있다. 이런 형식의 질문이 너무 많아서는 좋지 않고 대체로 설문의 뒷부분에 배치하는 것이 좋다.

3) 폐쇄형 질문의 장점과 단점

폐쇄형 질문은 정해진 응답범주에 응답자가 특정 응답범주를 선택하도록 하기 때문에 응답자가 질문에 답하기가 매우 쉽고, 응답에 걸리는 시간과 노력이 비교적 적게 들고, 입력과 분석이 용이하다. 반면 개방형 질문의 장점인 자유로운 응답과 응답자의 사고과정 등이 제한된다는 것이 단점으로 지적될 수 있다. 또한 응답카테고리의 설정에서 범위의 중복 또는 협소하게 설정될 경우 척도의 타당도와 신뢰도를 저해하게 될 위험이 있다.

4) 개방형과 폐쇄형 선택 시 고려사항

개방형 질문과 폐쇄형 질문은 각기 장단점을 가지고 있기 때문에 적절하게 혼합될 필요가 있지만 가급적 개방형 질문이 많지 않게 구성하는 것이 좋다. 폐쇄형 질문은 응답의 범주가 상호 배타적이면서 포괄적일 때 사용하는 것이 좋다. 예를 들어, 성, 종교, 소득, 교육연수 등 범주가 배타적이면서 하나의 전체로서 포괄할 수 있는 경우에 폐쇄형 질문이 적용될 수 있다. 반면 개방형 질문은 응답자의 자유로운 사고과정과 느낌 등이 생생하게 기술되기 때문에 응답범주가 모호하고 연구의 내용이 탐색적인 성격을 가지고 있을 때 적절하게 사용할 수 있다.

5) 질문문항 작성 시 유의 사항

각각의 질문문항의 문장을 어떻게 작성할 것인가는 질문지 작성의 핵심적 과정이라고 할 수 있다. 앞서 언급했듯이 질문문항은 단어와 구, 문장으로 이루어지는데, 문제는 어떤 단어와 구를 사용하여 문장을 구성할 것인가에 따라 결과가 많이 달라진다는 것이다. 예를 들어, '귀하는 사회복지를 위해 더 많은 세금을 내야 된다고 생각하십니까?'로 질문하는 것보다 '귀하는 한국 사회의 인구고령화에 따라 재정확보가 필요하다고 생각하십니까?'의 질문에 찬성하는 응답이 더 많을 수 있다는 것을 충분히 예상할 수 있다. 위의 질문에는 감정적이거나 객관적 근거에 입각하지 않은 단어의 사용은 없다고 볼 수 있다. 따라서 논리성과 단어선택만으로도 응답의 범주인 찬반에 영향을 줄 수도 있다.

다음과 같은 예에서도 볼 수 있다(김환준, 2004 : 161). 미국에서 '복지(welfare)'라는 단어가 보통 사람들 사이에서 사용될 때는 저소득층에 대한 공공부조와 동일한 의미를 가질 때가 많은데, '미국정부가 복지지출을 늘려야 하는가?'라는 질문에 찬성한 사람의 비율은 '가난한 사람들을 돕기 위해 정부지출을 늘려야 하는가?'라는 질문에 찬성한 사람의 비율의 절반에도 훨씬 미치지 못했다(Smith, 1987)고 설명하고 있다.

질문작성은 이처럼 중요하지만 이에 대한 뚜렷한 기준은 없다. 단지 몇 가지 유의 사항 등이 제시되고 있다(Kreuger & Neuman, 2006 : 263-267; 김태성 외, 2006 : 203-205; 김환준, 2004 : 162).

첫째, 속어, 은어, 약어 등은 피하고 보편적으로 널리 사용되는 용어를 사용한다. 둘째, 응답자의 연령이나 지적 능력에 비추어 쉽게 이해될 수 있는 단어와 표현을 사용한다. 또한 응답자가 이해할 수 있지만 기억할 수 없는 것 등의 이유로 인해 대답할 수 없는 질문을 삼간다. 셋째, 문장은 가능한 한 간단명료하게 하고 애매하거나 혼동될 여지가 있는 표현을 삼간다. 또한 질문의 내용을 응답자들이 동일하게 이해하여야 한다. 앞서 제시한 예 '귀하의 소득은 얼마입니까'와 같은 질문은 다의적으로 해석될 수 있기에 피해야 한다. 넷째, 응답자가 편견을 가지고 응답할 가능성을 가급적 줄이도록 노력한다. 이를 위해서는 먼저, 감정에 호소하는 표현을 자제하고 중립적이고 객관적인 용어를 사용한다. 특정한 방향으로 응답을 유도하는 질문은 바람직하지 않다. 다섯째, 부정적 표현, 특히 이중부정의 표현은 응답자가 잘못 읽기 쉬우므로 피하는 것이 좋다. 여섯째, 두 가지 이상을 한꺼번에 묻는 질문(double barreled question)은 피해야 한다. 마지막으로 응답자의 실제 생각이나 행동과는 달리 사회적으로 바람직하다고 받아들여지는 방향으로 사실을 왜곡하는 현상을 가급적 피할 수 있도록 노력할 필요가 있다. 사람들은 성적 문제나 일탈행동 등 민감한 부분에 대해서 응답을 회피하거나 사실과 다르게 응답하는 경향이 있고, 사회적으로 상당한 논란이 되고 있는 문제에 대해서도 입장을 밝히기를 꺼릴 수 있다. 이와는 달리 사회적으로 바람직하다고 받아들여지는 행동에 대해서는 실제보다 과장해서 응답하기도 한다. 보통은 사회적으로 바람직하지 않은 행동을 숨기거나 축소하여 응답하는 경우보다 사회적으로 바람직한 행동을 실제보다 부풀리는 경우가 더 흔하다고 한다(Wentworth, 1993).

5. 질문지 구성

1) 질문의 순서 결정

서베이는 두 가지 질문순서 문제에 직면하는데, 하나는 전체 질문지 문항들을 배열하는 방법이고, 두 번째는 다른 문항들 앞에서 특정 질문들이 나타내는 맥락적 효과와 관련되어 있다. 일반적으로 응답자들에게 편안하고 혼란스럽지 않도록 문항들을 배열하는 것이 좋다. 질문들은 초반, 중반, 종반 질문으로 구성할 수 있다. 서베이를 설명하는 소개글을 먼저 싣고 흥미롭고 유쾌한 질문들을 초반부에 배치하는 것이 가장 좋은데, 응답자들이 쉽게 답할 수 있고 질문지에 대해 편안하게 느낄 수 있게 하기 때문이다. 무엇보다도 따분하게 배경을 묻는 질문들을 피하고 위협적인 질문을 피하는 것이 좋다. 이렇게 하고 나서 중반부에 일반적 주제들에 대한 문항을 배열한다. 다양한 주제에 관한 문항들을 섞는 것은 혼동을 야기할 수 있다. 질문주제들을 자연스럽고 논리적으로 물 흐르듯이 배열하고 문항들이 응답자들로 하여금 기억하고 편안한 수준을 유지하도록 배열하여야 한다. 종반부에서 주의할 점은 위협적인 질문으로 끝을 맺어서는 안 된다는 점이다. 조사자들은 이렇게 제시되는 문항 순서가 응답자들의 답변에 영향을 미칠 수 있다고 우려한다. 이런 순서효과는 의견이 강하지 않은 응답자들과 충분히 교육받지 못한 응답자들에게 가장 크게 나타날 수 있다. 그들은 뒤에 이어지는 질문들에 답을 하는데 앞에 있는 질문들을 하나의 맥락으로 활용한다(Kreuger & Neuman, 2006 :

276-277). 그리고 가급적 따분한 인구통계학적 자료, 즉 성별, 연령, 소득과 같은 일반적 사항들은 질문지의 앞부분에 배치하지 않는 것이 바람직하다. 대부분의 응답자들은 일반적 사항들에 대해 매우 익숙하기 때문에 흥미를 잃기 쉬우며, 응답을 마치기 전에 질문지를 폐기할 가능성이 높기 때문이다.

그러나 면접 질문의 경우에는 일반적으로 정반대가 된다. 위의 자기기입식 질문지의 문항 순서와 다르게 배치하여야 한다. 면접 질문의 경우에는 응답자와 면접자 간에 빠르게 신뢰감을 형성하는 것이 조사의 성패에 중요한 영향을 미치기 때문에, 현관문이 열리기 시작하면서부터 신뢰감을 얻기 시작해야 한다. 먼저 일반적 사항들에 대한 질문을 통해 서로 간의 신뢰감을 구축하여야 한다. 면접자는 가족 숫자를 세고, 각각에 대한 가족사항이나 가족 구성원의 인구학적 내용에 대해 질문함으로써 응답자로 하여금 면접자에 대한 신뢰를 갖도록 할 수 있다. 대체로 이러한 질문들은 비위협적이기 때문이다. 일단 이러한 신뢰감이 형성되면 응답자의 주관적 의견이나 판단과 같이 민감한 질문에 대해 묻더라도 덜 위협적으로 느낄 것이고 면접 시간도 단축될 것이다(성숙진·유태균·이선우 공역, Rubin & Babbie, 2001 : 242).

2) 질문형태[1)]

질문의 형태 선정은 해석할 수 없는 부적절한 응답을 최소화하고 가능한 한 얻고자 하는 자료를 직접적으로 획득하기 위한 것이다. 이미 질문의 내용, 응답자의 특성 및 질문에 대한 사전 지식 등을 고려하여 개방형과 폐쇄형을 선택하게 된다(김태성 외, 2006 : 208). 그리고 폐쇄형 질문은 여러 가지 형태로 표현될 수 있는데, 여기서는 폐쇄형 질문의 다양한 응답 형태에 따른 질문들을 살펴본다.

1) 질문형태는 김환준(2004); 김태성 외(2006); 채구묵(2007)을 토대로 작성

(1) 개방형 질문

개방형 질문(open-ended question)은 앞서 살펴보았듯이 질문에 대하여 자유롭게 응답할 수 있는 질문으로, 자유응답 질문이라고도 하며 응답항목을 특별히 제공하지 않고 응답자가 자신의 생각이나 의견을 자유로이 진술할 수 있도록 하는 질문형태이다. 예를 들면 다음과 같다.

> 1. 귀하는 현재 생활하시는 데 가장 절실하게 필요한 것이 무엇이라고 생각하십니까?
> (   )

(2) 폐쇄형 질문

폐쇄형 질문(closed question)은 몇 개의 선택항목 가운데 응답자가 해당되는 것을 선택하도록 하는 방식을 말하는데, 응답형태에 따라 찬반식 질문(agree-disagree question), 평정식 질문(rating question), 다항선택식 질문(multiple choice question), 누적척도식 질문(cumulative scale question), 서열식 질문(ranking question), 여과형 질문(filter question)과 수반형 질문(contingency question), 행렬질문(matrix question) 등이 있다.

① 찬반식 질문

이러한 형태는 주로 찬성-반대와 같이 이분법적으로 응답을 구분하고자 할 경우에 주로 사용되는 것이다. 예를 들면 다음과 같다.

> "귀하는 현재 학교에 다니고 있습니까?"
> ① 예 ② 아니오
>
> 또는
>
> "귀하는 사회복지사로부터 알코올 중독 치료에 관한 교육을 받은 적이 있습니까?"
> ① 예 ② 아니오

② 평정식 질문

주로 응답자 의견의 강도를 묻기 위한 방법으로 리커트 척도를 이용할 경우에 많이 사용된다. 예를 들면 다음과 같다. 응답카테고리(response category) 수에 따라 3, 4, 5단계 등의 평정식 질문이 있다.

> "귀하는 사회복지관으로부터 받고 있는 서비스에 대해 어떻게 생각하십니까?"
> ① 매우 불만족 ② 불만족
> ③ 그저 그렇다 ④ 만족
> ⑤ 매우 만족
>
> 또는
>
> "귀하는 사회복지사가 제공한 알코올 중독 치료 교육에 어느 정도 만족하십니까?"
> ① 매우 불만족 ② 불만족
> ③ 그저 그렇다 ④ 만족
> ⑤ 매우 만족

③ 다항선택식 질문

이 질문 형태는 여러 개의 카테고리(category)를 나열해 놓고 그중에서 두 개 이상을 선택하도록 하는 방법이다. 이는 태도연속선상에 있는 것과 그렇지 않은 것으로 나누어진다.

가. 태도연속선상에 있는 것

서스톤의 유사동간법에 근거한 척도구성을 의미할 수 있다.

> "사회복지관의 전문성에 대한 귀하의 의견은? 다음 보기 중에서 2개만 고르시오."
> ① 사회복지기관은 전문적인 일만 하고 있다.
> ② 사회복지기관은 필요로 하는 것을 얻는 데 전문적인 도움을 준다.
> ③ 사회복지기관에서 수행하는 일은 대체로 전문적이다.
> ④ 사회복지기관의 업무는 전문적인 것과 비전문적인 것이 절반씩인 형태이다.
> ⑤ 사회복지기관에서 수행하는 일의 많은 부분은 비전문적인 일들이다.
> ⑥ 전문 사회복지기관인지 일반 행정기관인지 모를 정도이다.
> ⑦ 일반 행정기관보다 전문성이 더 부족하다.

나. 태도연속선상에 있지 않은 것

"귀하는 알코올 중독 치료 교육에 대해 어떻게 정보를 얻었는지 2개 이상 고르시오."		
① 텔레비전	② 라디오	③ 이웃
④ 팸플릿	⑤ 신문	⑥ 생활정보지
⑦ 친구	⑧ 서비스 수혜자	⑨ 기타

④ 누적척도식 질문

누적척도식 질문은 일련의 문항들이 의미상 서열을 이루고 있어, 강한 개념을 가진 문항들은 약한 개념을 가진 문항들을 의미상으로 포함하도록 구성되어 있다.

예 3번 문항에 '예'라고 응답한 사람은 2번 문항과 1번 문항에도 '예'라고 응답할 것임을 알 수 있다. 따라서 각 응답자의 총점을 통해 그 응답자의 우호 정도와 어떤 문항에 어떤 응답을 했는가를 알 수 있다. 2점을 받은 사람은 1, 2번 문항에 '예'에 3번 문항에 '아니오'를 응답했을 가능성이 많다.

① 귀하의 동(면)에 장애인시설이 설립되는 것에 대해 찬성하십니까?
① 예___ ② 아니오___

② 귀하의 마을에 장애인시설이 설립되는 것에 대해 찬성하십니까?
① 예___ ② 아니오___

③ 귀하 집 옆에 장애인시설이 설립되는 것에 대해 찬성하십니까?
① 예___ ② 아니오___

⑤ 서열식 질문

어떤 질문에 대해 가능한 대답을 여러 개 열거해 놓고 중요한 순서, 좋아하는 순서, 또는 싫어하는 순서 등으로 순서를 매기라고 하는 것이다. 서열식 질문에서는 응답 범주의 전체 혹은 일부를 서열화하도록 할 수 있다. 예를 들면 다음과 같다.

가. 카테고리 전부에 대해 서열을 선택하는 경우

열거한 응답 카테고리 전부에 대해 순서를 정하도록 하는 경우에는 10개 항목 이내로 하는 게 좋다.

"다음 보기에서 귀하가 배우자를 선택할 때 가장 중요하다고 생각하는 순서대로 번호를 기입해 주시오."

① 재산__	② 용모__	③ 건강__	④ 가문__
⑤ 성격__	⑥ 학력__	⑦ 지능__	⑧ 직업__

나. 카테고리 일부에 대해 서열을 선택하는 경우

열거한 응답 카테고리 모두에 대해 순서를 정하도록 하지 않고 순서대로 2개 이상을 고르도록 하는 방법이다.

"귀하께서 현재 우리 사회의 심각한 사회문제가 무엇이라고 생각하시는지 그 심각성의 정도에 따라 3개를 골라 순서대로 기입해 주십시오."

① 노동문제__	② 청소년 문제__	③ 노인문제__
④ 실업문제__	⑤ 아동문제__	⑥ 교육문제__
⑦ 소득 불평등문제__	⑧ 기타__	

"귀하의 지역사회에서 가장 심각하다고 생각되는 문제를 심각한 순서대로 보기에서 그 번호를 골라 3개만 써 주시오."

첫 번째____ 두 번째____ 세 번째____

① 부부갈등	② 성폭력	③ 아동학대	④ 육아문제
⑤ 청소년 비행	⑥ 실업	⑦ 범죄	⑧ 가난
⑨ 알코올 중독	⑩ 마약	⑪ 노인문제	⑫ 장애인문제
⑬ 주택문제	⑭ 학교문제	⑮ 환경문제	⑯ 투기(도박)

⑥ 여과형 질문과 수반형 질문

첫 번째 질문은 응답자가 다음 질문에서 어떤 문항에 응답해야 하는가를 결정하기 위한 질문으로 이를 여과형 질문이라고 한다. 두 번째 이하의 질문들은 첫 번째 응답결과에 따라 응답해야 할 내용들이 다른 질문들이다(Neuman, 1991 : 238). 예를 들면 다음과 같다.

1. 당신의 연령은 만으로 몇 세 입니까? (　　)세

2. 당신은 담배를 피우십니까? → 여과문항
   ① 피운다(2-1번 문항으로 가시오)
   ② 피우지 않는다(3번 문항으로 가시오)

수반문항

2-1. (담배를 피우는 경우) 하루에 어느 정도 담배를 피우십니까?
   ① 반 갑 미만　　② 반 갑~한 갑 미만
   ③ 한 갑~두 갑 미만　　④ 두 갑 이상

3. 공공건물에서 흡연을 금지하는 것에 대해 어떻게 생각하십니까?

"문1. 선생님의 직장에는 현재 노동조합이 있습니까?" → 여과문항
① 있다.
② 없다. (문2로 가십시오)

수반문항

"문1-1. 선생님은 현재 노동조합에 가입하고 계십니까?"
① 가입하고 있다.
② 가입자격이 없어서 가입하고 있지 않다.
③ 가입자격이 있지만 가입하고 있지 않다.

"문2. 선생님은 노동조합이 결성된다면 노동조합에 가입하시겠습니까?
① 가입하겠다.
② 모르겠다.
③ 가입하지 않겠다.

⑦ 행렬질문

행렬질문은 여러 개의 질문들이 동일한 응답 범주를 사용할 수 있는 질문들을 세트로 만들어 가지고 있는 경우에 흔히 사용되는 질문형태로 주로 개념을 측정하는 리커트 척도가 사용될 때 자주 사용된다. 행렬질문은 중복되는 공간을 최소화하여 질문지를 효율적으로 사용할 수 있고 응답자가 응답하는 데 걸리는 시간을 줄여주는 장점이 있다. 반면 행렬질문은 유사한 질문들이 인접하여 배치되기 때문에 한 질문에 대한 응답이 다른 질문의 응답에 영향을 미치는 반응효과(response effect)가 발생할 수 있는 단점이 있다. 예를 들면, 다음과 같다.

다음은 생활만족도에 관한 질문입니다. 해당하는 항목에 표시(✓)해 주십시오.

질 문	매우 찬성	찬성	그저 그렇다	반대	매우 반대
1. 지난 삶을 되돌아볼 때 전반적으로 만족한 삶을 살아온 것 같다.	①	②	③	④	⑤
2. 살아오면서 하고 싶었거나 갖고 싶은 것을 꽤 많이 이룬 것 같다.	①	②	③	④	⑤
3. 다시 과거로 돌아가더라도 지금까지 살아온 것처럼 살겠다.	①	②	③	④	⑤
4. 젊은 시절만큼 지금도 행복하다.	①	②	③	④	⑤
5. 지금이 내 생애의 가장 좋은 알이다.	①	②	③	④	⑤
6. 내 인생이 지금보다 더 나아질 수 있다.	①	②	③	④	⑤

6. 사전조사

설문지의 초안이 완성되면 대규모의 본 조사를 시행하기 전에 소규모 집단이나 개인을 대상으로 설문지 초안의 설문내용, 언어구성, 응답형태 및 문항배열에 있어서 오류나 문제점이 있는지를 검증하고자 사전조사를 수행해 보는 것이 바람직하다. 일반적으로 대규모의 설문조사는 많은 비용과 시간이 소요되므로 설문지의 오류로 인해 적절한 자료를 수집하지 못하게 되면 엄청난 피해를 가져오기 때문에 사전조사를 통해 오류를 발견하고 문제점을 개선할 필요가 있다. 일반적으로 사전조사를 통해서 검토해야 할 내용은 다음과 같다(김태성 외, 2006 : 218-220).

첫째, 응답이 한쪽으로 치우치거나 무응답이 많은 문항이 있는지를 검토하여 이에 대한 보완이 필요하다. 모든 응답자가 하나 혹은 특정 몇 개의 응답범주에만 응답하고 나머지 응답범주에는 응답이 거의 없을 경우에는 응답이 치우치는 문항을 좀 더 세분화하여 작성하고, 응답이 없는 몇 개의 범주는 통합하여 응답범주를 작성하도록 하여야 한다. 그리고 무응답이 많은 문항은 무응답의 이유를 찾아내어 응답을 유도할 수 있는 형태로 질문을 바꾸거나 응답범주를 재구성한다.

둘째, 개방형 질문으로 응답을 분석하여 폐쇄형 질문 형태로 문항을 구성할 수 있는지 살펴보고 응답의 내용이 개방형을 통해 묻고자 하는 내용을 제대로 반영하는지 혹은 질문에서 애매모호한 표현은 없는지를 검토하여 질문을 수정하여야 할 것이다.

끝으로 질문지의 오류나 문제점을 발견하고 수정하는 것뿐만 아니라 사전조사를 통하여 실제로 질문지를 작성하는 데 걸리는 소요시간과 비용은 어느 정도인지, 응답자와 접촉하거나 면접을 수행하는 데 있어 애로점이 무엇인지 등 나중에 있을 본 조사에 도움이 될 다양한 정보를 사전조사를 통해 획득하여야 한다(Parton, 1950; 김환준, 2004; 김태성 외, 2006 : 218-219).

CHAPTER

09 자료수집

1. 질문지법
2. 면접조사
3. 질적 연구

CHAPTER

09 자료수집

서베이 자료수집은 질문과 응답의 방법을 중요시하는데, 그 가운데서도 방법적 차이에 따라 크게 질문지법과 면접법으로 구분할 수 있다. 이 두 방법이 명확하게 구분되는 점은 질문지법은 조사대상자로부터 문서화된 질문지를 통해 정보를 얻는 반면에 면접은 구두로 조사대상자에게 질문의 내용을 전달한다는 점이다(김태성 외, 1985 : 196).

질문지법은 응답자가 직접 질문지에 자기기입을 함으로써 자료를 얻는 반면 면접법은 조사자가 응답자와 상호작용을 통해 자료를 얻게 된다. 자기기입식조사는 질문지를 배포하는 방식에 따라 우편조사, 집단조사, 전자조사의 형태로 구분할 수 있다. 이를 〈표 9-1〉에서와 질문지법의 유형으로 나타낼 수 있다.

〈표 9-1〉 질문지법의 유형

서베이 조사	자기기입식	우편조사법
		집단조사법
		인터넷조사법
	면접법	대인면접조사법
		전화조사법

자기기입식 질문지법에 대해 살펴보도록 하자. 질문지는 설문조사에서 가장 중요한 자료 수집의 도구이다. 또한 문항을 기술하는 형태나 구조화의 정도에 따라 다양하게 구분될 수 있다. 우편조사는 자기기입식조사들에 사용되는 전형적인 방법이다. 어떤 경우에는 같은 시간 같은 장소에 모이도록 해서 질문지를 작성하도록 하는 것이 적절할 수 있는데, 이 경우 집단조사라고 한다. 또 어떤 경우에는 조사자가 가정이나 직장 등 응답자가 위치한 곳을 방문하여 질문지를 배포하고 응답자로 하여금 질문지에 답하도록 한 후 일정 기간이 지난 후에 질문지를 회수하는 방법도 있다. 최근 들어 컴퓨터와 전산정보망의 발달로 인터넷을 통한 조사가 매우 빠르게 증가하고 있다. 여기에서는 위와 같은 질문지법의 다양한 유형을 다룰 것이다. 이들의 장단점을 검토하여 연구방법에 부합하는 자료수집방법의 선택 능력을 높이도록 한다.

1. 질문지법

1) 우편조사

우편조사법은 조사자가 질문지를 우편으로 발송하여 응답자로 하여금 기입하게 한 후 다시 우편으로 질문지를 회수하는 방법이다. 이 방법은 일단 질문지를 우편으로 발송하고 나면 조사자와 응답자 간에 상호작용을 하기가 어렵기 때문에 질문지의 내용을 가급적 쉽게 작성하고 조사의 내용과 목적, 응답 요령 등을 가급적 이해하기 쉽게 설명하는 안내문(cover letter)을 동봉하는 것이 바람직하다(김태성 외, 2006 : 220). 이 방법은 회수율이 낮기 때문에 응답률을 높이기 위해서는 후속조치가 필요하다(황성동, 2006 : 159).

우편조사의 장점과 단점을 정리하면 다음과 같다(김성태 외, 2006 : 220-222; 김영종, 2007 : 233-235).

(1) 우편조사의 장점

① 저렴한 비용

대면조사에 비해 비용이 적게 든다. 숙련된 면접 요원(들)을 고용하는데 따르는 비용 부담이 없기 때문이다. 우편조사에서는 설문지 작성과 인쇄, 발송 및 반송에 따르는 비용이 전부다. 수집된 자료의 처리와 분석에도 면접조사 자료의 경우보다 적은 시간이 든다. 연구 대상자들이 지리적으로 널리 퍼져 있을 때, 또는 많은 수의 사람들을 상대로 하는 조사연구에서 자료 수집에 따르는 비용문제는 중요한 고려사항이 된다.

② 익명성의 보장

우편조사는 면접조사와 달리 조사자와 응답자가 직접적으로 대면하지 않기 때문에 개인적으로 민감한 질문에 대해 솔직한 답변을 얻기가 용이하다. 어떤 연구에 의하면 혼전 성경험에 대한 의견을 묻는 질문에 면접법에 비해 우편조사법에서 보다 솔직하게 답변한 것으로 드러났다 (Knudsen, Pope, & Irish, 1967).

③ 편향성 오류의 감소

면접조사는 면접자와 응답자가 직접적인 대면접촉을 하기 때문에 응답자의 태도, 목소리 혹은 행위 등이 응답자의 응답에 직·간접적인 영향을 미칠 수 있다(Monette, et al., 2002). 반면에 우편조사는 이런 영향으로부터 자유롭다.

④ 사려 깊은 응답

우편조사는 배달된 설문지를 두고 응답자가 여유 있는 시간대를 선택하여 응답할 수 있게 한다. 응답에 따르는 시간도 비교적 충분하고, 조언을 얻는 것 등도 가능하다. 일반적으로는 대인면접을 통한 자료 수집이 자료의 질을 높이는 데 유리하다고 보지만, 사안에 따라서는 우편조사를 통해 보다 질 높은 자료를 구하는 것도 가능하다.

⑤ 접근성 증대

지리적으로나 혹은 제도적으로 쉽사리 접근하기 어려운 대상에 대해서는 우편조사가 보다 유용할 수 있다. 외국에 살고 있는 사람이나 특수 시설에 거주하는 사람들에게 우편으로 접근하는 수밖에 없는 경우도 많다.

(2) 우편조사의 단점

① 문제의 제한성

우편조사는 인쇄된 문자를 통해서만 질문할 수 있다. 따라서 설문 문항은 응답자가 스스로 이해할 수 있는 단순한 문제에 제한되기 쉽다. 이해하기 어려운 까다로운 질문을 담은 우편조사는 응답률을 현저히 낮출 가능성이 크다. 우편조사 방식에서는 응답자가 응답을 해줄 것인지, 혹은 거부해 버릴 것인지를 자유롭게 선택할 수 있다. 그러므로 응답자는 까다로운 질문을 만나는 순간 쉽사리 설문 자체를 포기해 버릴 수 있다.

② 규명의 어려움

우편조사 방식의 특성상 일단 설문이 응답되고 나면, 그에 따른 추가 질문이나 불확실한 응답에 추가적으로 질의해 들어가는 등의 심층 규명(probing)이 어렵다. 자료 정리의 과정에서 부분적으로 누락되었거나 오기 등의 경우가 발견된 경우에도 마찬가지다. 비록 해당 설문지의 응답자에 대한 추적과 질의가 가능하다 해도, 우편조사 응답자들이 가졌던 설문조사의 익명성에 대한 신뢰를 어겨야 한다는 부담이 있다.

③ 응답자의 통제 어려움

우편으로 배달된 설문지가 어떤 상황에서 작성되었는지를 통제할 방법이 없다. 따라서 조사자는 자신이 의도했던 사람들이 응답했는지 아니면 대리인이나 전혀 엉뚱한 사람이 응답했는지 등을 확신하기 어렵다. 예를 들어, 어떤 기관의 대표자 앞으로 발송된 설문조사에 대해 그 기관의 대표자 자신이 반드시 응답할 것이라고 장담하기는 어렵다. 그러면 대표자들의 의견을 구하려 했던 자료에 실무자들의 의견이 섞이게 되는 오류가 나타난다.

④ 낮은 회수율

우편조사를 통한 자료 수집은 대개 낮은 회수율을 보이는데, 이것은 우편조사의 가장 심각한 단점으로 여겨진다. 대상 집단의 성격에 따라 크게 달라질 수는 있지만, 면접조사는 대개 70~80% 내외의 응답률을 보이는 반면, 우편조사는 20~40%의 낮은 응답률 혹은 회수율을 보인다고 보고된다. 낮은 응답률 혹은 회수율이 문제가 되는 이유는 그것이 연구결과의 일반화에 심각한 지장을 초래하기 때문이다. 응답한 사람과 응답하지 않은 사람들 간에는 명백히 어떤 차이가 있을 것이다(연구자는 그것이 무엇인지조차도 잘 모른다). 이렇게 수집된 자료를 분석하게 되면, 그것은 단지 설문에 응한 사람들만의 성격을 반영하는 것이 된다. 설문에 응하지 않은 사람들의 성격은 연구결과에서 나타나지 않게 된다. 따라서 낮은 회수율은 연구결과의 일반화를 저해하는 주된 요인이 된다. 따라서 이에 대한 대응방안은 별도로 마련될 필요가 있다. 이렇게 낮은 응답률을 높이기 위한 주요 기법들은 다음과 같은 것들이 있을 수 있다(표 9-2 참고)(김영종, 2007 : 236-237).

첫째, 후원자 전략의 개발이다. 응답자들은 후원자가 누구인지를 확인함으로써 설문의 중요성이나 정당성을 인지하려는 경향이 있기 때문에 응답자들에게 가장 영향력 있다고 생각되는 개인이나 단체, 기관 중에서 하나 혹은 다수를 선택하는 것이 좋다. 일반인을 대상으로 하는 조사에서는 국가기관이나 대학, 언론사 등과 같은 공신력 있는 기관의 후원을 밝히는 것이 응답률을 높이는 데 도움을 준다.

둘째, 응답의 유인책을 강구하는 것이 좋다. 조사 대상자들을 설문에 응하도록 만들기 위해서는 몇 가지 유인책이 동원될 수 있다. ① 응답자의 선의에 호소하는 방법이다. 응답자의 도움이 절실히 필요하다는 점을 표지글에 적는 것이다. ② 선물이나 현금 등과 같은 보상을 하는 방식이다. 그러나 이것은 감사의 표시로서 인식되게 해야 한다. ③ 응답자의 이타적인 감성에 호소하여 연구의 중요성을 확신시키는 방법 등이 있다. 셋째, 설문지의 양식 디자인에서 설문지의 모양, 색깔, 길이, 표지글의 유형 등을 적절히 고려해야 한다.

넷째, 우편조사에서는 설문지의 길이도 응답률에 상당한 영향을 주는 요인이 된다. 일반적으로 짧을수록 응답률이 높아진다. 따라서 설문지의 길이는 가능하면 짧을수록 좋다.

다섯째, 설문에 붙게 되는 표지글(cover letter)은 응답자가 최초로 설문에서 접하게 되는 곳이며, 설문의 목적과 성격 등을 대부분 여기에서 파악하게 된다. 따라서 응답률을 좌우하는 결정적인 요인이 될 수 있다. 표지글에는 보통 연구의 후원자, 연구의 목적과 용도, 응답자의 응답이 왜 중요한지, 응답자에 대한 익명성과 비밀 보장 등의 내용이 포함된다. 표지글의 양식은 딱딱하게 공식적이기보다는 친근하게 연구의 성격을 소개하는 것이 더 효과적이라고 알려져 있다.

여섯째, 우편의 유형으로서 수신자의 주소와 우표가 붙은 반송 봉투를 첨부한 경우와 첨부하지 않은 경우 간에는 응답률의 차이가 현저하게 나타난다.

일곱째, 응답자의 성격에 따라 차이가 나타난다. 연구 대상자가 어떤 사람들인가를 미리 예상한다면 응답률을 높이는 데 무엇이 필요한지도 알 수 있다. 응답자들의 분포가 동질적인지 아니면 이질적인지, 동질적인 집단이나 연구 주제의 이해관계가 있는 집단(interest group)을 대상으로 하는 경우에 응답률은 보다 높아지는 것으로 알려져 있다. 고학력일수록, 그리고 일반직보다는 전문직에 종사하는 사람일수록 응답률이 더 높은 것으로 알려져 있다.

마지막으로 후속 독촉(follow-up) 방법이 있다. 응답하지 않은 사람들에게 독촉 엽서를 보낸다거나 설문지를 재발송하는 것 등을 통해서 회수율을 계속 높여 나가는 것이 필요하다. 서너 번의 독촉 엽서, 전화 통화, 설문지 재발송 등을 통해 20%가량에 머무는 일차 회수율을 70% 전후까지 끌어올릴 수 있다고도 보고된다. 후속 독촉 방법은 엽서 혹은 전화를 이용한 독촉에서 설문지 재발송의 순서로 진행하는 것이 보통이다. 그러나 여기에도 문제가 있다. 후속 독촉을 하기 위해서는 응답자에 대한 추적이 가능해야 하는데, 이것은 응답자로 하여금 익명성에 대한 신뢰를 잃게 할 우려가 있다. 이에 대한 대비로 표지에서 익명성이 지켜질 것을 강하게 확신시킬 필요가 있다. 다음으로는 기꺼이 응답한 응답자들과 뒤에 독촉을 통한 응답자들 간에 의미 있는 차이가 있을 수 있기 때문에 이들을 따로 분석해서 결과를 비교해 볼 필요가 있다.

〈표 9-2〉 설문지 회수율을 높이는 기법

방 법	최적 조건	회수율의 증가
후속 독촉 (우편엽서, 전화)	• 1회 이상의 후속 독촉 필요(보통 3회까지) • 전화와 우편엽서를 3회가량 섞은 후속 독촉은 매우 큰 효과를 나타냄 • 2회 이상부터는 설문지 자체를 재발송할 필요성도 고려	40~50% 기대
설문 내용의 중요성	• 설문 내용이 응답자에게 중요한 것으로 인식될 때 응답률이 높아짐	명백한 차이
후원자와 겉표지의 적절성	• 후원자의 권위가 응답자에게 인정될 때 응답률이 상승 • 표지글에서 이타적인 동기에 호소하는 것이 중요	상당한 차이
민감한 질문의 처리	• 사적인 비밀이나 개인적인 이해를 침해하는 문제에 대한 응답률은 저조 • 이름이나 신상, 소득, 개인의 사적 정보 등은 가능한 한 생략하는 것이 응답률을 높이는 데 도움	상당한 차이
유인책의 사용	• 금전적인 보상에서 금액의 과소에 따른 차이는 그리 크지 않은 것으로 간주 • 후원자, 대상, 집단, 설문의 유형 등에 따라 각기 다른 유인책이 필요	잘 알려지지 않음
회수방법	• 회수용 봉투의 사용은 반드시 필요 • 사전 지불 형식보다는, 우표를 직접 붙인 봉투를 이용하는 것이 회수율에 보다 효과적	잘 알려지지 않음
설문지의 도착시간	• 집으로 보내는 것이라면 주말쯤에 도착하게 하는 것이 효과적	잘 알려지지 않음

설문지 양식	• 표지글이 매력적이어야 응답 가능성 높임 • 응답자들의 시력을 감안하여 편하게 읽힐 수 있도록 구성 양식에 신경을 씀 • 한눈에 들어오는 질문들을 만들 필요가 있음	잘 알려지지 않음
설문지 길이	• 될 수 있는 한 짧은 설문지가 좋으나, 조금 더 길고 짧은 것에 따른 차이는 그리 크지 않음	의미 있는 차이

출처 : Miller, D.(1983), pp. 110-113; 김영종(2008), p. 236.

2) 배포조사

배포조사는 조사자가 가정이나 직장 등 응답자가 위치한 곳을 방문하여 질문지를 배포하고 응답자로 하여금 질문지에 답하도록 한 후 일정 기간이 지난 후에 질문지를 회수하는 방법이다. 배포조사법은 우편조사와 같이 응답자가 일정 시간 동안 질문의 내용에 대해서 생각할 시간을 갖게 함으로써 깊이 생각해야 할 응답 내용일 경우에 적절하게 이용될 수 있다. 그리고 응답자가 응답할 시간을 자유로이 선택할 수 있기 때문에 정해진 시간에 면접을 할 수 없는 사람을 대상으로 조사하기에 용이하다. 또한 조사자가 직접 응답자가 있는 곳을 방문하기 때문에 우편조사에 비해 응답률이 높은 장점이 있다. 그러나 개별적으로 질문지를 직접 전달하여야 하기 때문에 우편조사에 비해 비용이 많이 드나 우편조사가 가진 단점을 보완해 주지 못하는 단점이 있다. 즉, 제3자가 응답을 하거나 질문의 내용에 대해 추가적인 설명이 필요한 경우에도 아무런 도움을 줄 수 없는 우편조사의 단점을 그대로 가지고 있다(김태성 외, 2006 : 222).

3) 집단조사

집단조사법은 조사대상자를 동일한 장소에 모이게 하여 질문지를 배포하고 대상자 스스로 질문지에 응답하게 한 후 질문지를 회수하는 방법이다. 특정 단체나 집단을 대상으로 조사할 때 자주 이용되는 방법이다(김태성 외, 2006 : 223). 예를 들면, 사회복지기관, 혹은 다른 교육기관들이 흔히 사용하는 방법으로 일정한 프로그램을 진행한 후 이에 대한 만족도 평가를 하고자 할 때 프로그램 참여자들에게 협조를 구하고 평가 조사를 실시하게 된다.

이처럼 집단 조사법은 동일한 장소에 조사자와 응답자가 동일한 시간대에 놓이게 된다. 따라서 시간을 절약할 수 있고 부족한 질문이나 의문사항들에 대해 보충적 답변을 할 수 있는 장점이 있으며 응답자들의 물리적 조사환경이 거의 동일하고 제3자가 미칠 수 있는 영향을 배제할 수 있다.

4) 인터넷조사

자기기입식 질문지법에서 가장 새로운 혁신은 컴퓨터의 이용이라고 할 수 있다. 다양한 기법들이 출현하고 검증되고 있다(Rubin & Babbie, 2001 : 364). 전자설문(electronic or e-mail surveys)은 크게 이메일을 이용한 설문과 웹사이트에 게시하는 e-survey로 나눌 수 있다. 전자설문조사는 신속하고 저렴한 비용으로 실시할 수 있다는 큰 장점이 있다(황성동, 2006 : 162). 예를 들어, 우편조사는 우편 발송과 도착, 회수까지 최소한 일주일 이상이 걸린다. 또한 우체국을 방문해야 하는 번거로움이 있다. 전자설문조사는 또한 우편요금을 내지 않기 때문에 우편조사보다 비용이 더 저렴하다. 그리고 설문에 응답이 편리하며 후속 추적과 독촉이 가능하다는 점도 장점으로 부각된다.

그러나 대상자가 이메일 사용자나 인터넷 사용자로 한정되어 무엇보다 일반화에 한계가 있다. 따라서 전자설문의 표본추출은 대표성에 제한적일 수밖에 없다(황성동, 2006 : 162). 그리고 이메일을 활용한 전자설문이 종종 스팸메일로 처리될 수 있어 낮은 응답율과 회수율, 자기선택의 편향이 발생하는 단점들이 지적된다.

2. 면접조사

면접법은 서베이 자료수집의 대안적 방법이다. 응답자에게 질문지를 읽도록 해서 스스로 답을 기입하도록 요청하는 것(자기기입식 질문지법)이라기보다는 조사자들과 면접원들이 구두로 질문을 던지고 응답자들의 답변을 기록하는 방식이다. 면접은 전형적으로 대인면접에서 사용되지만 전화면접도 대부분 같은 지침을 따른다. 대부분의 면접조사는 조사자가 비록 소규모의 면접조사를 스스로 수행할 때조차도 한 명 이상의 면접원이 필요하다(Babbie, 2004 : 263). 따라서 면접자는 응답자들을 직접 접촉하고, 조사에 참여하도록 요청하며, 응답자에게 질문을 하고 그 결과를 기록하는 역할을 수행한다. 이 모든 역할을 통해서 면접자는 응답률, 응답의 성실성, 조사결과의 신뢰성과 타당성, 비응답 오류와 측정오류의 정도 등 설문조사의 성패에 결정적 영향을 미친다(김환준, 2004 : 168).

1) 면접자의 역할과 선발 · 훈련

응답자들에 의해 기입되는 질문지법보다 면접원에 의해 기록되는 질문지법이 몇 가지 점에서 장점이 있다. 면접조사는 전형적으로 우편조사보다 높은 응답률을 보인다. 적절하게 계획되고 실행된 면접조사는 적어도 80~85%의 목표율을 달성할 수 있다. 우편질문지를 던지는 것보다 자신들의 문 앞에서 있는 면접원을 거절하기는 훨씬 힘들 것으로 보인다. 면접원의 참여는 '모르겠다'와 '무응답'의 수를 줄일 수 있다. 만일 이와 같은 응답들을 최소화하는 것이 연구에서 중요한 경우라면 답변들에 대해 프로빙(응답자의 응답이 불충분하거나 정확하지 못할 때 혹은 추가적인 정보를 얻기 위해 사용하는 면접기술)을 하도록 면접원을 교육할 수 있다.

면접원은 혼동을 일으키는 질문항목에 대해 안내자로서 역할을 할 수 있다. 응답자들이 질문의 의도를 확실히 잘못 이해하거나 이해하지 못하고 있다는 징후가 나타날 때 면접원은 문제를 명확화함으로써 관련된 응답을 얻을 수 있다.

또한 면접자들은 질문을 할 때 면접자의 가치가 개입되지 않도록 해야 한다. 다른 말로 면접원은 질문과 답변이 전송되는 중립적 매개체여야 한다. 이처럼 다른 면접자는 한 명의 주어진 응답자로부터 동일한 응답을 정확히 얻어내야 한다(Babbie, 2004 : 263-264).

면접자의 이러한 역할을 상기하면서 다음의 역할들을 추가하고자 한다(김환준, 2004 : 169).

(1) 조사 협조의 요청

어떤 경우에는 표본추출로 선정된 조사대상자와 연락을 취하는 일조차 쉽지 않을 때가 있다. 몇 번씩 전화를 되풀이하거나 가정 또는 직장을 직접 찾아가도 대상자를 만날 수 없을 때도 있고, 설사 연락이 닿는다 해도 조사에 참여하기를 거부하는 일도 많다. 그런 만큼 면접자의 역할 가운데 이 역할이 가장 어려운 일이라고 할 수 있다. 응답자의 협조를 구하기 위해서 면접자는 인내심을 가지고 꾸준하게 응답자와 접촉을 시도하고 그를 설득하기 위해 노력하여야 한다. 면접자가 확신을 가지고 조리 있게 조사의 목적을 설명하거나 응답자와의 원활한 의사소통을 통해 인간적 친밀감을 유지할 수 있는 능력이 필요하다.

(2) 정확한 응답의 도출

조사에 적극적으로 임하도록 해서 정확한 응답을 하도록 대화를 이끌어 가는 것이다. 앞서 이야기되었듯이 응답자는 질문지에 대해 오해가 있을 수도 있고 이해를 못할 수도 있다. 따라서 이에 대해 자세히 설명해 주고 응답자가 자신의 생각이나 상황을 올바르게 표현하도록 격려함으로써 조사의 정확성을 높일 수 있다(Cannell, et al., 1977). 물론 연구자나 면접자의 의도를 지나치게 강조함으로써 응답자의 반응을 일정한 방향으로 유도해서는 안 된다는 점을 명심해야 할 것이다.

(3) 객관적 조사와 기록

면접자는 객관적이고 표준화된 조사와 기록을 하여야 한다. 응답자들의 응답내용이 서로 다른 것은 그들의 생각이나 경험, 처한 상황이 서로 다르기 때문이지 면접자가 질문을 달리하거나 면접의 분위기가 달라서 또는 기록을 잘못하여서 응답이 서로 다르게 나타나면 곤란하다. 따라서 면접자는 가능하면 응답자에 따라 면접환경에 차이가 나지 않도록 유의하여야 한다. 특히 면접 분위기를 편안하게 하기 위해 사적인 대화를 나누는 것을 가급적 자제하고 설문조사라는 본연의 목적에 충실하여야 한다.

(4) 면접자의 선발

좋은 면접원들은 유쾌하고 자랑스럽고, 정확하며, 성숙하면서 책임감이 있고, 꽤 지적이고 안정적이며 동기가 부여되어 있다. 그들은 위협적이지 않은 외모를 가지고 있고 여러 유형의 사람에 대한 경험을 가지고 있으며 균형과 재치를 겸비하고 있다. 이처럼 조사자들은 면접원의 신체적 외모, 연령, 인종, 성, 언어구사, 목소리조차도 고려할 수 있다.

면접자의 선발과정에서 고려해야 할 사항으로 김태성(2007 : 230-231)은 다음과 같이 제시하고 있다. 첫째, 면접원의 수를 결정하는 데 있어서 연구에 소요되는 경비의 규모, 조사대상자의 수, 면접당 소요되는 시간 및 전체 면접조사 기간 등을 고려하여 결정하여야 한다는 것이다. 절대적인 기준을 제시하기는 어렵지만 한 면접원이 20~30명 이상의 응답자를 넘지 않도록 권하고 있다. 또한 한 조사에 참여하는 면접원의 수도 가급적 20명 이내로 하는 것이 바람직하며 면접원의 수가 증가하면 면접원의 다양성으로 인한 편향(bias)이 발생하기 쉬우며 또한 편향의 폭이 너무 커지기 때문이라고 지적한다(김경동 · 이온죽, 1986).

둘째, 면접원의 모집에서 고려되어야 하는 내용으로는, 대체로 면접원은 전문 조사기관이나 대학, 자원봉사기관, 또는 조사를 후원하는 기관들에서 모집이 이루어지기 쉽다. 가급적 전문적인 훈련을 받은 면접원을 쓰는 것을 권하고 있다. 불가피하게 비숙련된 면접원이 자료를 수집하여야 할 경우에는 이들에 대해 사전에 충분한 교육과 훈련이 선행되어야 할 것이다(김경동 · 이온죽, 1986).

셋째, 면접원의 선정 기준이다. 면접원의 수가 결정되면 면접원을 모집해야 하는데 앞에서 논의했듯이 연구대상의 특성에 따라 면접원 선발 기준은 달라질 수 있다. 절대적인 기준은 없으며 일반적으로 조사대상자와 동질적인 특성을 가진 사람을 선발하는 것이 좋다고 한다. 가급적 면접원은 성품이 정직하고 성실하며, 논리적 사고를 가지고 면접사항을 체계적이고 정확하게 전달하고 기록할 수 있는 능력을 갖춘 사람을 선발하는 것이 바람직하다. 이 외에도 훌륭한 면접원이 갖추어야 할 성품은 정서적으로 안정적이며 인내력이 있고 특정 쟁점에 대해 편향된 태도나 의견을 갖지 않는 것이다(Parten, 1950; 김경동 · 이온죽, 1986).

(5) 면접원의 훈련

선발과정을 통해 좋은 면접자들을 얻는 일은 매우 어렵기 때문에 면접원에 대한 교육과 감독의 필요성이 더욱 중요해진다. 면접원에 대한 교육훈련의 과정은 설문조사의 종류, 난이도, 면접원의 경험과 자질 등 다양한 요소에 따라 달라질 수 있다.

조사자들은 1~2주 과정의 전문적 면접 훈련을 실시하는데 일반적으로 강의와 읽기, 숙련된 면접원의 관찰, 사무실과 현장에서 실제 면접처럼 기록되고 분석되는 면접의 시연과 역할 연기를 포함한다. 면접원들은 서베이가 무엇에 관한 것인지 그리고 면접원의 역할이 무엇인지를 습득한다. 또한 질문지와 질문의 목적을 익힌다. 대규모 서베이에서는 면접자들이 대체로 혼자서 작업을 함에도 불구하고 여러 명의 면접원들과 함께 면접감독관을 활용한다. 감독관들은 그 지역을 익히고 문제들에 도움을 제공하고 면접원들을 감독하고 면접이 제시간에 마치도록 하는 역할을 수행한다. 전화면접에서는 면접자가 도착하고 떠나는 시간을 점검하고 면접전화를 모니터링을 한다. 이 밖에도 만일 조사자들이 범죄율이 높은 지역에서 면접을 한다면 특별한 보호가 요구된다(Kreuger & Neuman, 2006 : 290-291).

일련의 면접원 훈련과정은 사전준비, 일반교육, 심화교육, 역할놀이(모의연습)의 네 단계로 구분(김태성 외, 2006 : 232-233)할 수 있다.

① 사전준비

사전준비는 면접훈련을 시작하기 전 면접원들에게 제공되어야 할 자료나 물품들을 준비하는 것으로 시작하며 다음과 같은 것들이 제시될 수 있다. 일반적으로 면접원의 훈련은 집단으로 이루어지기 때문에 훈련일정 및 전체 조사일정표, 면접원의 지침서, 질문지, 면접기술에 관한 조언, 지역사회의 긴급연락망 및 자원 목록, 필기도구, 이름표 등을 제공한다. 따라서 이런 물품들에 대해 사전에 준비를 갖추어야 한다(김태성 외, 2006 : 232).

② 일반교육

사전준비가 끝난 상태에서 이루어지는 일반교육은 면접원 훈련의 시작단계로서 면접원들에게 조사에 대한 개괄적인 이해를 시키는 것을 목적으로 한다. 먼저, 조사를 하게 된 배경과 연구의 목적에 대해 설명을 해야 한다. 면접원이 조사의 목적과 중요성을 인식하게 되면 보다 충실하고 주의 깊게 면접을 수행하는 데 도움이 되고 개별질문들의 이해를 높일 것이다.

둘째, 조사의 후원기관과 표본추출의 추출 방법 등에 대한 정보를 제공하여야 한다. 면접원이 질문지의 작성과정, 표본추출 방법, 자료의 수집 및 분석과정과 같은 조사의 전반적인 절차에 대해 이해함으로써 조사에서 면접원 역할의 중요성을 인식하게 되고 조사에 보다 적극적으로 참여할 수 있다.

셋째, 정확한 자료 수집, 지역사회나 응답자와 좋은 사회적 관계 및 정해진 기간에 면접을 완성하는 것이 왜 중요한지 등에 대해 충분히 설명하여야 한다. 면접조사에서 면접원의 역할이 얼마나 중요한가를 각인시켜 신뢰할 수 있고 의미 있는 자료를 수집하도록 하여야 한다.

끝으로 일반교육에서는 구체적인 행정사항, 즉 면접기간, 요구되는 주당 면접 시간, 보상의 수준 및 방법 등과 같은 요소들에 대해 명확하게 하는 것이 바람직하다. 일반교육은 숙련 정도와 무관하게 모든 면접원을 대상으로 실시하여야 한다. 비록 숙련된 면접원이 있다고 하더라도 이들의 경험과 면접기술을 이러한 교육 시간을 통해 다른 면접원과 공유하도록 하는 것이 바람직하다(Babbie, 1990; 김태성 외, 2006 : 232).

③ 심화교육

심화교육은 면접원으로 하여금 면접의 내용, 즉 질문지를 구체적으로 이해시키고자 하는 것으로 대체로 조사의 목적이나 과정에 대한 일반교육이 끝나고 난 후 진행한다. 면접자는 질문항목들마다 주의 깊게 살펴보아야 하며 큰 소리로 읽는 연습을 해야 한다. 면접자는 단어들과 문구들을 더듬거나 실수하지 않고 응답자에게 읽어줄 수 있어야만 한다(Babbie, 2004 : 265).

이 과정에서 연구자는 각 문항의 의도를 설명하고 면접원이 응답자가 되었을 경우 가능한 대답은 어떤 것이 있을지 등을 검토해 보아야 한다. 응답자가 제기할 수 있는 다양한 의문에 대해 어떻게 대처할 것인지 명확하게 하고, 혹시 해당 교육시간에 문제를 해결할 수 없을 경우에는 충분한 검토를 한 후에 다음 교육시간에 알려주어야 한다(Babbie, 1990; 김태성 외, 2006 : 234).

④ 역할놀이

면접훈련의 마지막 단계로서 역할놀이는 가상적으로 면접 상황을 연출하여 면접원이 면접을 하여 보는 것으로, 질문지의 구체적 내용에 대한 교육이 충분히 이루어지고 난 이후에 진행하게 된다. 역할놀이는 다음과 같은 세 단계에 걸쳐 진행할 수 있다. 먼저, 전체 면접원 앞에서 면접 슈퍼바이저와 면접원 간의 가상적인 면접 상황을 2~3회 정도 실시하는 것이다. 이러한 시험 면접은 면접원들에게 일종의 모범적 전형이 되기 때문에 제시된 면접 지침에 따라 정확하게 진행하여야 한다. 시험 면접이 끝나면 면접원들 간에 시험 면접에 대한 자유로운 토론을 하도록 기회를 제공하는 것이 바람직하다.

다음으로 시험 면접이 끝나면 면접원들은 2명씩 짝을 지어 가상적인 면접을 하도록 한다. 한번은 면접원의 역할을 수행하고 다른 한번은 응답자의 입장이 되어서 면접을 행해 보도록 한다. 이런 과정에서 연구자는 개별 모의 면접을 관찰하고 개선할 부분이나 추가적으로 언급할 내용들을 기록하였다가 모의 면접이 끝난 후에 토론하는 것이 좋다.

끝으로, 실제 조사 대상과 유사한 대상을 선정하여 현장에서 직접 면접을 해보는 것이다. 이는 실제 면접에서 사용될 자료와 동일한 자료를 가지고 응답자를 찾아가서 면접을 시행해 보는 것이다. 비록 면접의 특성이나 연구대상에 따라 다르겠지만, 일반적으로 약 다섯 번 정도의 연습을 할 것을 권장하고 있다(김경동·이온죽, 1986; Babbie, 1990; 김태성, 2006 : 234-235).

2) 면접의 과정

(1) 면접의 시작

면접의 과정은 소개와 방문허가로 시작된다. 면접원은 문 앞에서 만나고 공식허가서를 보여준다. 응답자로부터 협조를 얻고 재확인한다. 그리고 다음과 같은 반응에 대해 준비해둔다. "나를 왜 부르셨습니까?", "이것이 좋은 점은 무엇입니까?", "나는 이것에 대해 모르겠습니다", "그런데 이것이 무엇에 대한 내용입니까?" 이러한 질문들에 대해 면접원은 특정 응답자를 왜 면접하고 다른 사람으로 대체될 수 없는지를 설명할 수 있어야 한다.

면접의 주요 부분은 질문하고 답변을 기록하는 것으로 구성된다. 면접자는 질문지의 정확한 표현을 사용하는데 다른 말로 단어들을 추가하거나 생략해서는 안 되고 바꿔 말해도 안 된다. 모든 해당 질문을 순서대로 묻고 앞부분으로 되돌아가거나 건너뛰어서는 안 되는데 지침서가 이것을 명시할 때는 예외로 한다. 편안한 표정으로 진행하고 관심을 유지하기 위해 비지시적 반응을 보여준다(Kreuger & Neuman, 2006 : 289).

(2) 면접 진행(질문과 기록)

질문을 묻는 것과 함께 면접원은 답변을 정확하게 기록한다. 이것은 폐쇄형 질문에서 쉽게 할 수 있다. 개방형 질문에서는 면접원의 일이 다소 어렵다. 면접원은 주의를 기울여서 듣고 판독하기 쉽게 기록해야 하며 문법이나 속어를 수정 없이 소위 말 그대로(verbatim) 기록해야 한다. 면접원은 결코 요약하거나 다른 말로 바꿔서는 안 된다. 이는 정보의 손실을 초래한다. 예를 들면 응답자가 이렇게 말했다고 하자. "나는 정말로 내 딸의 심장병이 걱정된다. 딸아이는 겨우 10살인데 계단을 오르는 것도 힘들어한다. 나이가 먹어감에 따라 딸아이가 무슨 일을 겪게 될지 모르겠다. 심장수술은 너무 위험하고 비용이 많이 든다. 이런 일들에 대처해서 살아가는 법을 배워야만 할 것 같다." 이에 대해 면접자가 "딸의 건강을 걱정한다"고 쓰면 정보의 손실이 너무 많게 된다(Kreuger & Neuman, 2006 : 289).

(3) 프로빙 기술

면접원은 프로빙(probing)을 사용할 시기와 방법을 아는 것이 좋다. 프로빙

기법이란 면접에서 응답자들이 때로 적절하지 않거나 불충분한 답변을 할 때 프로빙이나 자세한 설명을 요청하는 것이다. 예를 들면, 태도를 묻는 폐쇄형 문항의 질문이 있고 응답자에게 '매우 찬성', '조금 찬성', '조금 반대', '매우 반대'로 범주화되어 있는 문항을 질문하였다고 하자. 그런데 응답자가 '그것은 사실이다'라고 응답할 수 있다. 면접원은 이 응답자의 응답에 "'매우 찬성'이나 '조금 찬성'으로 말해주시겠습니까?"라고 되물을 수 있다. 필요하다면 면접원은 제공된 범주들 중 한 가지를 선택해야 한다는 것을 설명할 수 있다. 만일 응답자가 선택하는 것을 완고하게 거절한다면 면접원은 응답자가 제시하는 정확한 반응을 기록해야 한다. 프로빙은 개방형 질문에 관한 응답을 끌어내는 데 자주 필요하다(Babbie, 2004 : 266).

흔히 사용되는 기술들은 다음과 같은 것들이 있다(김태성, 2006 : 239).

먼저, 완성형(completion) 질문으로 "더 말씀하실 내용은?" 혹은 "더 추가하실 말씀은?" 등과 같은 질문을 통해 응답자로 하여금 이미 응답한 내용을 더 보완하거나 응답을 종결하도록 유도하는 질문이다. 둘째, 명확화(clarification)로 "그 점에 대해 한 번 더 설명해 주십시오"와 같은 질문을 통해 응답의 내용을 보다 자세히 파악하고 응답 내용을 명확하게 하는 것이다. 이는 응답자의 응답이 서로 모순되거나 일관성이 없을 경우에 사용될 수 있는 방법이다. 셋째, 경로형(channel) 질문으로 이는 조사대상자가 응답한 내용의 근거나 출처를 밝히고자 이용되는 것이다. 예를 들어, 응답자가 "누가 이렇게 말하더라" 혹은 "나는 이렇게 들었다"처럼 응답내용의 출처를 불분명하게 이야기할 경우에 "말씀하신 중에 누구는 구체적으로 어떤 사람을 지칭합니까?" 혹은 "어디서 누구로부터 이야기를 들었습니까?"와 같은 질문을 통해 응답의 근거나 출처를 규명할 수 있을 것이다(Adams & Schvaneveldt, 1985).

때로는 침묵이 가장 좋은 프로빙이 된다. 만일 면접자가 펜을 가지고 조용히 앉아 있으면 응답자는 아마도 추가적 코멘트(comments)로 그 시간을 채울 것이다. 이 기법은 신문사 리포터들이 효과적으로 사용하는 기술이다.

그러나 이런 모든 프로빙은 중립적이어야 한다. 일련의 응답들에 어떤 방식으로든 영향을 미쳐서는 안 된다. 주어진 질문이 적절한 응답을 얻기 위해 프로빙이 필요할 것으로 예상될 때마다 질문지의 질문 옆에 하나 이상의 유용한 프로빙을 제공하는 것이 좋다. 이런 훈련은 두 가지 장점이 있다(Babbie, 2004 : 266).

첫째, 최고의 중립적 프로빙을 계획하는 데 더 많은 시간을 갖게 될 것이다. 둘째, 모든 면접자는 그들이 필요할 때마다 같은 프로빙을 사용할 것이다. 그래서 그 프로빙이 완전히 중립적이지 않을지라도 모든 응답자들은 동일한 반응을 나타낼 것이다. 이것은 앞서 논의되었던 질문표현 시 동일한 논리적 지침(the same logical guideline)을 따라야 한다는 것인데, 비록 왜곡이나 편향이 존재하지 않더라도 모든 응답자에게 같은 질문으로 제시되는 것은 매우 중요하다. 편향이 존재할 때조차도 그렇다(Babbie, 2004 : 266).

(4) 면접의 종료

면접의 마지막 단계는 방문한 곳에서 나오는 것인데 면접원은 응답자에게 감사인사를 하고 그곳을 떠나게 된다. 질문지를 편집하기 위하여 사무실로 가는데 날짜와 시간, 면접장소와 같은 세부사항을 기록한다. 이 기록은 응답자에 대한 간결한 개요와 면접상황들을 포함하게 된다. 응답자의 태도(예를 들면, 심각, 화남 또는 웃음 등)와 면접할 때 발생한 다른 상황(예를 들면, "27번 질문에서 전화소리, 응답자는 면접이 다시 재개되기까지 4분 동안 전화 통화가 이루어짐")들을 기록한다. 면접원은 면접을 하는 동안 면접을 계속해서 진행할 수 없었던 문제들을 기록한다(예를 들면, "10대의 아들이 방으로 들어와 반대편 끝에 앉아 TV를 켜고 야구경기를 큰 소리로 시청했다"). 또한 면접원은 개인적 느낌과 뭔가 특기할 만한 것을 기록한다(예를 들면, "응답자는 결혼에 대해 질문을 받았을 때 과민해지고 안절부절못했다")(L. Kreuger & W. Neuman, 2006 : 289).

3) 면접의 분류

면접법은 여러 가지 관점에서 분류할 수 있다. 면접목적에 따라 정보수집 혹은 사회조사 면접, 진단적 결정적 면접, 치료적 면접(김기태 외, 2001 : 141-143). 면접 형태에 따라 전화면접과 대면면접, 면접에 참여하는 사람의 수에 따라 개인면접과 집단면접, 면접에 소요되는 시간에 따라 단기면접과 장기면접 등으로 분류할 수 있다(양정하 외, 2006 : 238). 면접상황에 따라 개인면접, 전화면접, 집단면접으로 분류하기도 한다(김태성 외, 2006 : 243-245). 또한 구조화 정도에 따라 표준화면접, 비표준화면접으로 구분한다.

(1) 구조화 정도에 따른 분류

① 표준화면접

표준화면접(standardized interview)은 매우 자세하고 구체적으로 짜여진 면접계획서(interview schedule) 또는 조사표에 따라 면접을 진행하는 것을 말한다. 면접계획에는 면접원이 응답자에게 하여야 할 질문의 정확한 내용과 그 순서, 여과/수반형 질문, 응답이 부적절하거나 이해하지 못했을 때 되묻는 방법과 내용 등이 매우 구체적으로 명시되어 있어서 면접자는 이 면접계획에 규정된 그대로 면접을 진행하여야 한다. 간혹 개방형 질문이 사용되기도 하지만 대부분의 질문은 폐쇄형 질문으로 구성되어 있다. 매우 엄격하게 구성된 표준화면접은 면접자가 응답자에게 질문을 한다는 것 외에는 사실상 응답자 스스로가 질문지에 답을 기입하는 자기기입식 질문지법과 유사하다. 표준화면접은 면접자에 의한 오류가 적고 응답결과를 기록하고 자료를 수량적으로 처리하는 것이 간편하다는 장점을 가지고 있어서 특히 대규모의 조사, 그리고 전화조사와 같이 면접시간이 제한되어 있을 경우에 많이 사용된다(Monette, 2002; 김태성 외, 2006 : 246; 김환준, 2004 : 173).

② 비표준화 면접

비표준화 면접(unstandardized interview)은 질문의 구체적 내용과 순서를 사전에 정해놓지 않고 면접자가 상황에 따라 조절할 수 있는 것을 말한다. 비표준화 면접에서는 연구자가 면접원 교육을 할 때 조사의 목적과 응답자로부터 얻어내야 할 정보, 그리고 대략적인 질문내용을 알려주고 구체적 면접방법과 내용은 면접자 스스로가 알아서 선택한다. 면접원은 단지 전반적인 면접주제만 가지고 있으며, 면접의 진행에 맞추어 스스로 질문을 만들고 프로빙을 통해 새로운 정보를 획득해야 한다(김태성 외, 2006 : 247). 비표준화 면접은 면접자가 면접상황을 융통성 있게 이끌어 나갈 수 있다는 장점이 있으며, 비교적 소규모의 탐색적 연구나 응답자 내면의 심리상태를 깊이 있게 파악할 필요성이 있는 연구에 주로 사용된다. 그러나 비표준화 면접은 면접자가 응답자의 응답에 영향을 미칠 수 있고, 응답내용을 면접자가 자의적으로 해석할 여지가 있으며, 동일한 응답자라 하더라도 면접자에 따라 응답결과가 달라질 수 있는 등 면접자에 의한 오류가 발생할 가능성이 높다. 따라서 비표준화 면접에서는 면접기술과 능력이 무엇보다 중요하다(김환준, 2004 : 174).

(2) 면접상황에 따른 면접법과 장·단점

① 면접법

면접법은 일반적으로 서베이의 한 형태로서 조사 대상자에게 질문을 하고 응답 내용을 면접원이 직접 기록하는 설문조사 방법이다. 면접조사는 다른 서베이들과 달리 면접원과 조사 대상자 간의 상호작용이 이루어지기 때문에 이로 인한 편향의 경향이 높아 면접원의 역할이 대단히 중요하다. 면접원은 조사 대상자들과 접촉을 하고, 이들로 하여금 조사에 참여토록 독려하며, 질문의 내용을 전달하고 그 결과를 기록하는 역할을 수행한다. 그러므로 면접조사에서 면접원은 응답의 충실성,

응답 오류의 정도, 조사결과의 신뢰도와 타당도 및 응답률 등 조사의 성패에 결정적인 영향을 미치게 된다(김환준, 2004; 김태성, 2006 : 227).

특히 대인면접조사(face-to-face)는 높은 응답률을 가지면서 가장 긴 질문을 사용할 수 있다. 대인면접은 전화면접의 장점을 가지고 있으면서 면접자는 주위 환경과 비언어적(nonverbal) 의사소통을 사용할 수 있고 시각적 도움을 이용할 수 있다. 숙련된 면접자는 질문의 모든 유형들을 묻고 부정확한 질문과 복잡한 질문들에 대해서 광범위한 프로빙을 사용하여 정확한 응답을 끌어낼 수 있다.

또한 면접자가 구두로 질문하기 때문에 읽고 쓰는 능력이 부족한 사람들을 대상으로 조사를 실시할 수 있다. 특히 우편조사에 비해 비응답 오류와 무응답 문항이 적다(김환준, 2004 : 177).

반면에 단점으로는 높은 비용과 시간을 들 수 있다. 즉, 훈련, 이동, 슈퍼비전, 면접자들에 대한 비용이 높다. 면접자들의 편향 또한 대단히 많이 발생할 수 있다. 외모, 목소리의 크기, 질문용어 등 면접자는 응답자들에게 영향을 미칠 수 있다. 이 밖에도 면접자의 편향은 다음과 같은 것들이 있다(Kreuger & Neuman, 2006 : 289).

- 응답자의 실수(망각, 당황, 오해, 또는 다른 사람 면전 때문에 거짓말 하는 것)
- 무의식적 실수(뒤바뀐 응답자와 면담, 질문을 잘못 읽는 것, 질문을 빠뜨리는 것, 뒤바뀐 순서로 질문을 읽는 것, 어떤 질문에 바뀐 답을 기록하는 것, 응답한 것을 잘못 해석하는 것)
- 면접자에 의한 의도적 훼손(응답자의 의도적 대체, 질문의 누락이나 바꿔 말하기, 대체응답의 선택)
- 응답자의 답변에 대한 면접자의 예상이 응답자의 외모, 생활 상황이나 다른 답변들에 근거하기 때문에 발생하는 영향
- 면접자의 적절한 프로빙 실패
- 면접자의 외모, 목소리, 태도에 대한 반응 때문에 답변에 미치는 영향

② 전화면접

전화조사는 전체인구의 약 95% 이상이 전화로 연결될 수 있기 때문에 자주 사용되는 설문방법이다. 면접자는 긴급하게 조사를 해야 하거나 질문내용이 짧을 때 전화를 이용해 질문을 하고, 답변내용을 기록한다. 조사자는 응답자를 전화번호부의 목록을 활용하여 매우 빠르게 전국의 많은 사람들과 통화할 수 있다. 일반적으로 전화면접은 대면질문법(face-to-face) 또는 면접법의 대부분의 강점을 가지고 있는 신축적 방법(flexible method)이면서 비용은 그 절반 정도로 소요된다. 면접자들은 일련의 질문을 통제하고 일부 프로빙기술을 활용할 수 있다. 또한 개연성 있는 질문들을 효과적으로 사용할 수 있다. 반면에 상대적으로 높은 비용과 제한된 면접시간이 전화조사의 단점이 될 수 있다. 또한 전화가 없는 응답자들은 조사가 불가능하고 전화가 불편한 시간이 되게 할 수 있다. 면접자들의 사용은 익명성을 감소시키고 면접자의 편향(bias) 가능성을 가져올 수 있다. 개방형 질문(open-ended questions)은 사용하기가 어렵고 시각적 보조물을 필요로 하는 질문은 불가능하다. 면접자들은 경솔함(flippancy), 우유부단함(hesitancy) 혹은 분노(anger)를 가진 응답자와 배경 소음과 같은 심각한 장애에 대해 주의를 기울일 필요가 있다(Kreuger & Neuman, 2006 : 284).

③ 집단면접[1)]

집단면접(group interview)은 집단을 대상으로 하여 구체적인 연구가설을 정립하기 이전 단계로서 질문문항에 필요한 정보를 얻기 위해 흔히 사용되는 면접방법이다. 일반적으로 집단은 면접원과 가능한 한 많은 정보를 제공할 수 있는 10명 내외의 응답자로 구성된다. 그리고 집단면접의 응답자는 대표성을 고려하여 확률적으로 선정되기보다는 많은 정보를 제공할 수 있는 사람이 선정된다. 집단면접은 단순하게 10명의 응답

1) Monette(2002), 김태성 외(2006), p. 245.

자를 심층 면접하는 것과 다르기 때문에 집단의 역학관계를 이용하여 토론을 유도하여야 한다. 즉, 토론과정에서 누가 토론을 주도하는지 누가 추종하는지 등을 관찰하고, 집단 구성원들 간에 교환되는 의견이 무엇인지에 관심을 가져야 한다. 그리고 토론과정에서 말은 많으나 유용한 정보는 제공하지 않는 사람은 누구인지, 부끄러워서 말하지 않는 사람은 누구인지 등을 파악하여 이에 대한 적절한 조치를 하여야 한다. 집단면접은 구조화된 개인면접에 비해 면접과정이 유연하고 비용이 적게 든다는 장점이 있다. 또한 응답자들의 생각을 유도하고 집단 구성원들이 토론에 참여하도록 격려하기 위해 집단 구성원들의 상호작용을 이용할 수 있는 장점이 있다. 그러나 집단면접은 그 결과를 일반화하는 데 제한점이 있으며, 수집된 자료를 해석하고 분석하는 것이 어려운 단점이 있다(Monette, 2002; 김태성 외, 2006 : 245).

3. 질적 연구

질적 연구방법론은 상호관련성을 가진 많은 철학적·이론적·사회적 관점에 그 기반을 두고 있다. 이 중 가장 자주 언급되는 관점은 바로 현상학(phenomenology)이다. 현상학은 인간행동의 주관적 측면들을 강조한다. 다시 말해서, 인간행동의 이면에 숨어 있는 동기와 신념을 강조한다. "현상학자들의 견해로 보면, 인간들이 말하고 행하는 것, 즉 인간행동은 인간이 자신의 세계를 정의(또는 해석)하는 양식의 산물이다. 이러한 해석의 과정을 파악하는 것이 현상학자들과 질적 연구방법론자의 과제이다"(Taylor & Bodgan, 1984 : 8-9). 말하자면 현상학자들은 다른 사람의 관점에서 사물을 보려고 하는 사람들이다(김병하 역, 2003 : 11).

현상학에 따르면, 실재(reality)는 인간이 그것을 지각하는 형식으로만 이해될 수 있는 것이며 인간의 지각은 자신의 행동에 영향을 미칠 수 있기 때문에, 인간의 지각을 이해하려는 시도는 중요하다고 본다. 사람들의 견해 또는 지각을 이해하는 것이 현상학자들의 목적이기는 하지만, 현상학자들은 세계에 대한 사람(들)의 지각과는 관계없이 존재하는 '외적 상황'을 반드시 부정하는 것은 아니다(Blumer, 1980; Bodgan & Biklen, 1982; 김병하 역, 2003 : 11). 질적 연구방법과 밀접한 관련성을 가진 또 다른 관점은 상징적 상호작용론(symbolic interactionism)이다. 이 이론은 사물, 사람, 상황과 사태가 그 자체로서 의미를 갖는다기보다는 거기에 부여되어 있는 의미가 중요하다고 본다(Bodban & Biklen, 1982 : 33). 예컨대, 교사가 학생들에게는 권위의 상징으로, 부모들에게는 존경받는 사회 구성원으로, 교육행정가는 일개 고용인으로 각각 다르게 비춰질 수 있다. 사물, 사람, 상황과 사건에 부여되는 의미는 이들에 대해 그 사람이 가지는 다른 종류의 경험뿐만 아니라, 타인이 이들에 부여하는 사회적 의미에 영향을 받는다. 사람들은 자신의 경험에서뿐만 아니라, 타인으로부터 배운다(Blumer, 1969). 따라서 그 행동과 관련된 사물, 사람, 사태 및 상황에 부여된 의미를 이해해야만 한 인간의 행동을 진정으로 이해할 수 있다.

질적 연구의 또 다른 관심사는 사회조직론과 문화론이다. 이 이론은 인간들이 상대방을 어떻게 지각하고, 사회적 관계를 어떻게 조정하고 조직하며, 사회와 조직된 집단 내에서 어떻게 살아가느냐에 관심을 갖는다. 대부분의 질적 연구자들은 문화와 사회조직이 인간들에게 어떤 영향을 미치는가를 연구할 뿐만 아니라, 인간들이 어떻게 해서 여러 가지 다른 문화를 창출하며, 그 문화에 영향을 미칠 수 있는가 하는 문제를 연구하고 있다(김병하 역, 2003 : 13).

질적 연구방법의 여러 유형들에서 나타나는 특성들을 살펴보면 다음과 같다(Merrian, 2005 : 8-10). 첫 번째 특징으로, 질적 연구의 모든 유형의 기본이 되는 중요한 철학적 가정은 앞서 살펴본 바와 같이 자신의 사회적 세계는 상호작용하는 각 개인에 의해 구성된다는 관점이다. 질적 연구자들은 사람들이 구성한 의미를 이해하는 데 관심이 있다. 즉, 질적 연구자들은 사람들이 세상을 어떻게 이해하며, 그리고 이 세상에서 습득한 경험을 어떻게 이해하는지에 관심이 있다. 질적 연구는 '살아 있거나', '느꼈던' 것과 같은 경험과 직접적으로 관련되어 있다(Sherman & Webb, 1988 : 7). 중요한 관심은 연구자의 관점이 아닌 참여자의 관점으로 관심사에 대한 현상을 이해하는 것이다. 이것은 때때로 연구 참여자의 관점 대 연구자의 관점으로 비교된다.

두 번째 특징은 연구자가 자료수집과 분석을 위한 주요한 도구라는 것이다. 자료는 질문서나 컴퓨터보다는 오히려 이런 인간적인 도구인 연구자를 통해서 중재된다. 다음 특징으로 연구자와 다른 자료수집 도구와 구별할 수 있다. 자료는 질문서나 컴퓨터보다는 오히려 인간적인 도구인 연구자를 통해서 중재된다. 연구자는 맥락에 대해 민감하며 모든 맥락이 고려의 대상이 될 수 있다. 연구자는 즉시 자료를 처리할 수 있고, 연구가 점진적으로 진행됨에 따라 명백하게 설명하고 요약할 수 있으며, 불규칙적 반응을 탐구할 수 있다(Guba & Lincoln, 1981).

세 번째 특징은 보통 현장방문연구를 포함한다는 것이다. 연구자는 자연스러운 환경에서 행동을 관찰하기 위해 사람들, 환경, 현장, 기관 등을 직접 방문해야 한다. 이것은 관례상 다른 문화에 대해서 배우는 것에 관심을 가지고 있는 인류학자에 의해 행해졌던 것이다. 사회적 구성단위 또는 변화과정을 묘사하고 설명하는 대부분의 연구는 연구할 현상과 직접적으로 친숙해질 필요가 있다. 몇몇 질적 연구는 단지 문서(집필된 자료 또는 사진과 같은)만을 사용하면서 수행되기도 한다. 그러나 이러한 것들은 예외적인 경우이다.

네 번째 특징은 기본적으로 귀납적 연구전략을 사용한다. 즉, 이런 연구의 유형은 현존하는 이론을 검증하기보다는 추상성, 개념, 가설 또는 이론을 만든다. 이론이 부족하기 때문에 또는 현존하는 이론이 현상을 충분히 설명하지 못하기 때문에 질적 연구가 이루어지는 경우가 많다. 그래서 연구를 안내하기 위한 이론으로부터 추론된 가정이 없다. 질적 연구자들은 현장에서 얻어진 관찰과 직관적인 이해로부터 이론을 구성한다. 이론에 잘 맞는 자료를 찾으려고 '갈망하는' 연역적 연구자와는 대조적으로 "귀납적 연구자들은 그들의 자료를 설명할 수 있는 이론을 찾고자 갈망한다"(Goets & LeCompte, 1984 : 4). 전형적으로 질적 연구의 결과물은 자료로부터 귀납적으로 이끌어 낸 주제, 범주, 유형학, 개념, 잠정적인 가설 그리고 이론의 형식을 지니기도 한다.

마지막으로 질적 연구는 과정, 의미와 이해에 초점을 두기 때문에 질적 연구의 결과물은 서술적(descriptive)이다. 연구자가 현상에 대해 이해하기 위해서 숫자보다는 오히려 단어와 사진을 사용하는 것이 보통이다. 맥락에 대한 연구자의 기술, 참여자, 그리고 흥미 있는 활동이 포함된다. 더욱이 참여자가 사용한 단어, 문서로부터 나온 직접적인 인용, 동영상에서 발췌한 것 등의 자료는 연구결과를 지지하는 데 사용된다.

CHAPTER

10

단일사례설계

1. 단일사례설계
2. 사회사업에서 단일사례설계

CHAPTER

10 단일사례설계

1. 단일사례설계

단일사례설계는 개별적 사례나 체계에서 개입과 정책변화의 효과에 관한 평가에 대해 시계열디자인의 논리를 적용한 것이다. 이런 디자인은 목표로 하는 문제의 특정 지표결과들과 관련된 클라이언트체계의 반복측정을 얻어내는 것을 의미한다. 표적문제에서 경향성에 관한 반복측정은 특정 개입이 이루어지기 전에 실시된다. 이렇게 반복된 측정은 개입 이후 곧바로 표적문제에서 어떤 향상된 지속적 형태가 시작되었는지를 보고자 하는 것이다. 개입 이전에 전개된 반복된 측정단계를 소위 기초선(baseline)이라고 부르며, 이는 통제단계이다. 기초선(통제)단계 동안에 수집된 자료형태는 개입(실험)단계 기간에 수집된 자료 형태와 비교된다. 어떤 개입이 효과적인지를 추론하는 것은, 즉 종속변수에서의 향상이 개입(intervention)으로 인한 것이며 역사(history)나 성숙(maturation)과 같은 경쟁적 설명에 기인하는 것이 아니라는 것을 입증하고자 한다. 개입단계와 기초선 간의 변화와 일치하는 자료의 형태나 경향성으로 변화들을 찾고자 한다(Rubin & Babbie, 2001 : 327).

다음 |그림 10-1|은 표적문제에서 기초선 기간에 일관되지 않은 변화의 고정된 형태에서 점차 개입과 시작 단계에서 꾸준한 향상을 나타내는 경향으로 이동하는 것을 보여준다.

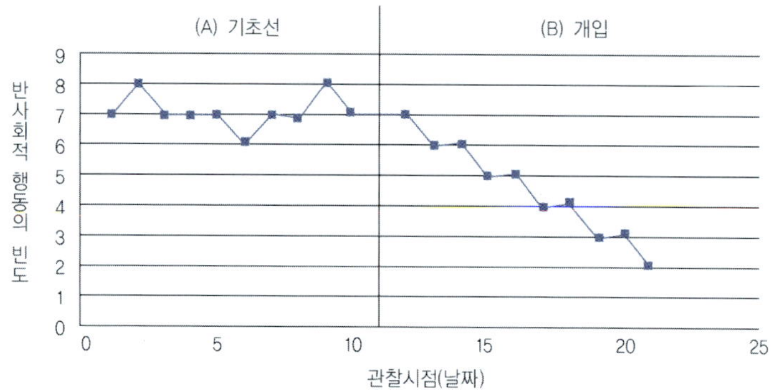

|그림 10-1| 개입효과에 대한 단일사례설계

출처 : Rubin & Babbie(2001), p. 328.

반면에 |그림 10-2|는 동일한 개입을 볼 수 있으나 표적문제가 기초선 기간에서 이미 향상되고 있다는 것을 보여주고 있고, 개입기간에 지속적으로 기초선 기간에서의 향상과 같은 비율의 향상을 가져오고 있다. 여기서 우리는 결론을 내릴 수 있는데 개입보다 다른 어떤 다른 것, 즉 성숙이나 시간의 변화추이와 같은 것이 향상의 원인이 되고 있다는 것으로 추측할 수 있다.

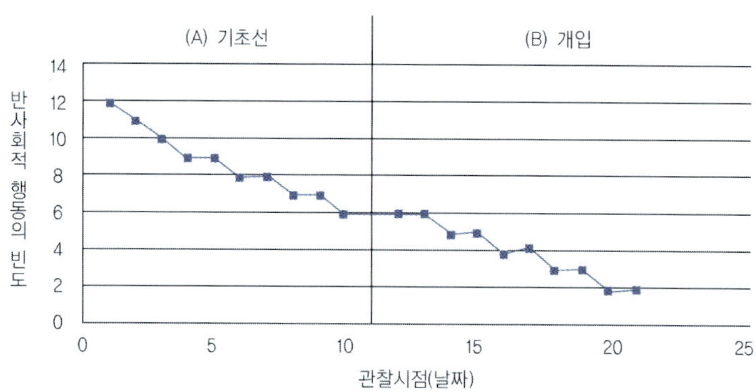

|그림 10-2| 개입효과에 대한 단일사례설계

출처 : Rubin & Babbie(2001), p. 328.

한편 실험대상의 변화가 정말로 연구자에 의한 조작된 실험조치의 영향에 의한 것인가의 문제(우연한 사건, 성숙, 검사, 도구, 통계적 회귀 등)를 검토하기 위해서 충분한 반복측정이 필요하다. 단일사례설계는 하나 이상의 기초선과 개입단계를 취함으로써 우연한 사건(history)에 대한 통제를 향상시킬 수 있다(Rubin & Babbie, 2001 : 328).

그렇다면 반복측정의 횟수는 얼마만큼 해야 하는가? 특히 기초선 단계의 자료수집은 얼마나 많이 해야 하는가? 이에 대해서 특별히 정해진 횟수는 없다. 그러나 표적문제의 경향성이 안정된 형태를 나타낼 때까지 충분한 횟수의 관찰점을 확보해야 한다는 것이 일반적인 견해이다. 특히 기초선 단계는 최소한 3번의 측정이 필요하며, 변화의 폭이 심하고 일정한 패턴이 나타나지 않는 경우는 패턴이 안정될 때까지 측정의 횟수를 늘리는 것이 필요하다.

엄격한 인과관계의 추론을 위해서는 기초선 단계의 자료가 많을수록 좋은 것은 사실이지만, 현실 상황에서는 기초선 단계의 자료 수집을 위해 기초선 기간을 늘리다 보면 클라이언트에게 피해를 줄 가능성이 있다. 특히 위급한 문제를 가진 클라이언트의 경우 기초선이 안정된 경향을 띠지 않았음에도 불구하고 시급히 개입을 해야 하는 경우가 발생할 수 있다(김태성 외, 2006 : 307).

2. 사회사업에서 단일사례설계

표본추출의 크기가 작다고 단일사례설계를 무시하는 사람들은 이 설계가 금세기 초 동물행동에 대한 실험실 연구조사와 더불어 시작하여 행동연구조사의 역사에 기여해 온 중요한 역할을 간과하게 될 것이다. 예를 들어, 학습이론(learning theory)의 발달에서 단일사례로서 파블로프(Pavlov)의 개에 대한 실험[1]의 중요성을 누가 무시하겠는가? 인간의 행동에 대한 연구조사에서도 단일사례설계는 행동수정연구(behavioral modification studies)가 싹트던 시기

1) 파블로프는 러시아의 생리학자로서 소화액의 분비 메커니즘을 실험적으로 밝혔다.

인 1960년대에 급증하기 시작했다(Rubin & Babbie, 2001 : 329). 궁극적으로 행동수정연구뿐만 아니라 사회복지서비스 개입을 평가하는 데에도 사용할 수 있다는 인식이 증가했다. 단일사례실험은 하나의 독특한 맥락에서 효과가 있을 것으로 보이며, 후속연구에서 일반화 가능성에 대해 검증할 수 있는 개입을 상당히 높은 내적 타당도를 가지고 파악할 수 있게 한다. 후속연구는 통제집단을 활용하는 대규모 실험이 될 수도 있고, 또는 다른 맥락에서 원래의 단일사례실험을 유사하게 재현하고자 시도하는 또 다른 단일사례실험이 될 수도 있다. 예를 들어, 노인복지 사회사업가가 자신이 한 단일사례설계의 결과에 기초하여 다른 노인복지시설의 클라이언트를 대상으로 개입하고자 시도할 수 있으며 만일 사기가 진작되고 우울증이 감소한다는 것을 발견한다고 가정하면 유사한 시설에서 유사한 클라이언트에게 그 개입을 계속해서 재현하여 연구하고자 시도할 수 있을 것이다. 사회사업가들이 결과를 재현할 수 있는 정도에 따라 결과를 일반화할 가능성을 지지하는 증거가 축적된다. 궁극적으로 통제집단을 사용하는 대규모 실험을 할 수 있는데 필요한 폭넓은 지지를 확보하기에 충분한 증거를 축적하면 검증된 개입을 계속 전달하기 위한 과학적 기반을 확대시키게 된다(A. 루빈 · E. 바비, 성숙진 · 유태균 · 이선우 공역, 2001 : 352-353).

CHAPTER

11

욕구조사와 평가조사

1. 사회복지 욕구조사

2. 사회복지 평가조사

CHAPTER

11 욕구조사와 평가조사

최근 사회복지 서비스와 이를 제공하는 사회복지사 및 사회복지기관의 사회적 책임성에 대한 인식이 높아지면서 프로그램 평가연구라는 영역이 사회복지학계와 실무계의 관심을 끌고 있다. 책임감 있는 사회복지사와 기관이라면 내가, 또는 우리 기관에서 제공하는 서비스가 클라이언트에게 도움을 줄 것이라는 막연한 기대감이 아니라, 실증적 자료를 근거로 서비스를 제공하여야 한다. 이것이 바로 증거에 바탕을 둔 사회복지실천(evidence-based practice)의 개념이다(Geyman, et al., 2000, 김환준, 2004 : 255 재인용). 이를 위해서는 클라이언트에게 어떤 서비스가 필요한지, 그리고 그 서비스가 과연 어느 정도 성과를 달성하고 있는지를 분석하고 연구할 필요가 있다. 이러한 목적으로 실시되는 연구를 프로그램 평가연구라고 한다(김환준, 2004 : 255).

프로그램 평가요구는 1970년대에 들어서면서 복지국가를 뒷받침할 수 있는 재정의 한계점이 드러나게 되면서 지역사회의 주민이나 국가의 시민들의 욕구를 체계적으로 파악하여 이를 충족시키기 위한 서비스를 효율적이고 효과적으로 전달해야 된다는 사회적 압력이 커지게 되었다(남세진 · 최성재, 2001 : 160).

이러한 압력은 사회 프로그램에 대한 재정지원을 달가워하지 않는 사람들, 정부재정지출에 대해 보수적인 성향을 가진 사람들뿐만 아니라 보다 나은 원조방식을 끊임없이 모색하는 사람들이나 혹은 부족한 자원이 실제로 돕고자 하는 표적집단에게 도움을 주지 못하는 프로그램들을 위해서 낭비되는 것을 막고자 하는 사람들 또한 이 문제에 관심을 가지고 있었다. 역사적으로 볼 때 책임성을 높여야 한다는 것을 강력히 주장해 왔던 주된 세력은 클라이언트, 즉 사회 프로그램의 수혜자들이 실제로 적절한 도움을 받고 있는지의 여부에 지대한 관심을 보여 왔던 소비자 권익옹호단체들이었다. 이러한 힘들에 의해 최근의 예산삭감에도 불구하고 오늘날 프로그램 평가는 사회복지정책 및 프로그램의 기획 및 행정 분야에서 널리 활용되고 있다(A. 루빈 · E. 바비, 성숙진 · 유태균 · 이선우, 2001 : 595).

이리하여 욕구파악을 위한 욕구조사(needs assessment)와 서비스의 효율성과 효과성을 평가하기 위한 평가조사(evaluation research)는 '욕구조사－기획－실천－평가'의 순환과정으로 통합하게 되었다(성규탁, 1988 : 95, 남세진 · 최성재, 2001 : 160 재인용). 프로그램 평가연구라고 해서 어떤 특별한 방법과 기술을 의미하는 것은 아니다. 측정, 표본추출, 자료수집 및 연구설계 등 연구방법과 관련된 구체적 내용은 지금까지 다루어 온 것들과 동일하다 그럼에도 프로그램 평가연구에 관한 내용을 별도의 장으로 분리하여 설명하는 것은 그만큼 평가연구라는 영역이 사회복지실천과 정책분야에서 중요한 역할을 차지하고 있음을 말해준다(김환준, 2001 : 255). 이 장에서는 욕구의 개념과 욕구사정의 내용과 방법, 프로그램 평가조사의 개념과 프로그램 평가조사의 목적, 절차, 유형 등을 살펴보기로 한다.

1. 사회복지 욕구조사

욕구조사는 프로그램이나 서비스의 목표가 되는 대상집단의 특성, 문제점 및 요구사항 등에 관한 폭넓은 자료를 수집하는 것으로, 이들 자료들은 프로그램의 기획, 집행 및 평가의 과정에서 기초 자료로서 활용된다(김태성 외, 2006 : 350). 이러한 욕구조사의 용도는 다음과 같은 것들이 있다(남세진 · 최성재, 2001 : 164; 김태성 외, 2006 : 350-351; 김영종, 2007 : 400-401; 양정하 외, 2006 : 271).

첫째, 문제분석이다. 욕구사정의 자료는 프로그램 기획에서 문제 분석을 위한 목적으로 쓰인다. 위기인구(risk population)와 표적인구(target population)를 확인해 내고, 욕구가 지역적, 집단적으로 어떻게 분포되어 있으며, 개별 욕구들은 서로 어떤 양상으로 연결되어 있는지, 서비스에 대한 클라이언트의 접근성을 저해하는 장애물 및 문제의 지속성 여부 등을 살펴보아야 한다. 이러한 항목들에 기초하여 프로그램을 기획하는 데 필요한 근거를 마련할 수 있다.

둘째, 자원배분의 우선순위 결정에 활용된다. 한정된 자원으로 인해 특정 지역사회 혹은 동일 기관 내에서도 정책결정자들은 정해진 기준에 따라 자원배분의 우선순위를 결정하여야 한다. 자원의 우선순위를 결정하는 것은 자원의 효용성을 극대화하기 위한 것이다.

셋째, 평가의 근거로 활용된다. 욕구사정을 통해 이루어지는 문제 분석과 합리적인 의사결정은 필연적으로 현재의 상태를 변화시키는 노력의 방향과 정도를 제시한다. 그리고 그것은 평가의 기준이 된다. 얼마나 개선되었는가를 문제 분석의 상태와 비교해서 평가할 수 있게 한다. 욕구사정의 문제 분석은 평가를 위한 일종의 기준선(baseline)을 제시하는 것이다.

욕구사정을 위한 조사대상은 대략 세 가지 집단으로 나누어 볼 수 있다(Newman & Kreger, 2003, 김환준, 2004 : 260 재인용). 먼저 표적집단(target group)으로서, 특정 욕구를 가지고 있는 것으로 예상되는 집단을 대상으로 직접 욕구의 존재 여부를 파악하는 것이다. 두 번째는 핵심 정보제공자(key informant)로서 지역사회에 관심이 많고 영향력이 있는 지역 유지나 언론인, 단체나 조직의 지도자, 사회복지사 등을 통해 파악하는 것이다. 세 번째로, 지역사회 전체주민이나 또는 전체주민 가운데 일부를 대상으로 지역사회의 현안과 욕구를 조사하는 방법도 생각할 수 있다.

1) 욕구사정의 내용

지역사회 욕구조사에 포함될 내용은 조사대상 집단에 따라 달라지겠지만, 대략 세 가지 분야로 나눌 수 있다(채구묵, 2008 : 345-354).

첫째, 기초자료로 자역사회의 일반적 특징에 관한 자료이며, 둘째, 요구파악을 위한 자료로 기존 서비스의 평가 및 새로운 서비스 개발에 필요한 자료이고, 셋째, 활용자원에 관한 자료로 프로그램 실행을 위해 동원될 수 있는 자원에 대한 자료이다.

지역사회의 일반적 특징에 관한 자료는 연령분포, 가족 수, 가구주 연령, 결혼상태, 거주기간, 작업구성, 소득수준, 빈곤인구율, 주택보급률, 범죄율, 공공부조 수혜자 수 등이 포함된다. 기존 서비스의 평가 및 새로운 서비스 개발에 필요한 자료는 생활영역에 관한 현재 상태와 기존 서비스 평가, 새로운 서비스 개발에 대한 조사내용으로 구분할 수 있다.

① 생활영역에 관한 현재 상태 : 경제(소득수준, 소비형태, 신용상태, 자금관리 등), 고용(직업종류, 직업경력, 직업교육의 필요성, 실업상태 등), 가정(부모-자녀 관계, 아동의 적응성, 부부문제, 이혼 여부 등), 교육(교육수준 및 욕구, 아동들의 학교적응, 성적 등), 주거(밀집도, 주택상태, 인구과잉 등), 건강(사망원인, 질병발생률, 장애종류 및 장애율 등), 가정관리(영양, 아동 양육 및 보호), 여가(여가활동, 운동, 문화활동), 생활만족도(지역사회 결속력, 자아평가 정도), 사법(범죄율, 비행률, 범죄에 대한 공포 등)

② 기존 서비스 평가 : 서비스 인지 정도, 서비스 활용 정도, 서비스 인지 및 활용에 대한 장애요소 존재 여부, 서비스 이용에 대한 물리적 장애(교통, 거리, 시설의 낙후성 등), 직원에 대한 부정적 태도 여부, 과중한 비용부담, 까다로운 자격조건 등

③ 새로운 서비스 개발 : 대상지역의 심각한 문제(육아문제, 청소년 비행, 빈곤, 범죄, 성폭행, 가정폭력, 알코올 중독 등), 현재 필요한 서비스, 장기적으로 필요한 서비스, 아동, 청소년, 노인, 장애인, 여성을 위한 서비스 등

끝으로 지역사회 활용자원에 관한 자료로서 지역사회정보체제, 서비스 자원조사, 정치적 자원을 들 수 있다. 지역사회 정보체제는 공식적·비공식적 의사소통매체, 표적집단과 밀접한 관련이 있는 의사소통매체 또는 조직, 서비스 자원 조사는 동원될 수 있는 공·사적 자금, 인적·물적 자원, 새로운 프로그램을 실행할 수 있는 시설물, 자원봉사 활용자원 등이 있으며 정치적 자원은 다양한 프로그램에 대한 주민 의견과 지역사회 행정관청 및 정치지도자, 지역사회 지도자, 시민단체, 언론기관 등의 지원을 포함한다.

2) 욕구사정의 방법

일반적 욕구조사기법은 설문조사, 실험연구, 현장연구, 비관여적 연구 등이 모두 욕구사정을 위한 자료수집방법으로 사용될 수 있다(김환준, 2004 : 260). 가장 널리 사용되는 방법은 설문조사이며, 지방자치단체의 자료나 지역사회복지관의 기록 등 기존 자료의 2차 분석도 많이 진행한다. 실험연구는 욕구조사 그 자체를 위해서 사용하는 경우는 거의 없으며 프로그램을 본격적으로 실행하기 전에 프로그램의 적합성 여부를 검증하기 위한 시범사업에 활용할 수 있다. 지역사회 공청회(community forum)는 지역사회 욕구조사를 위해 특히 자주 사용되는 방법으로, 전문가는 물론 관심이 있는 지역주민은 누구나 자유로이 참여하여 의견을 발표하게 함으로써 지역사회의 여론을 수렴하는 장치이다. 여기서는 욕구사정에 사용되는 주요 조사기법들에 대해 장단점 위주로 살펴보도록 한다(남세진·최성재, 2001 : 166; A. 루빈·E. 바비, 성숙진·유태균·이선우, 2001 : 621-627; 김영종, 2007 : 411-420; 양정하 외, 2006 : 276-280).

(1) 지역사회 공개토론회

지역사회 공개토론회(community forum)는 관심 있는 지역사회 사람들이 함께 모여 자신들의 욕구에 대해서 자유롭게 의견을 교환하고 상호작용을 할 수 있는 모임을 통해 욕구를 조사하는 방법이다. 이 접근방식의 장점은 적은 비용으로 광범위한 지역, 계층 및 집단들의 의견을 들을 수 있다는 것이다. 또한 문제에 대한 인식과 관심을 개인, 집단 또는 기관에 따라 식별할 수 있고(성규탁, 1988 : 123) 서베이를 위한 사전준비의 기회가 될 수 있다는 점에 있다(Reid & Smith, 1981 : 298, 남세진·최성재, 2001 재인용). 그러나 지역사회 공개토론회는 관심 있는 사람들만 참석하여 자기선택(self selection)으로 인한 표본추출의 편향(bias) 현상이 나타나고, 참석자의 소수만이 의견을 발표하게 된다. 물론 이러한 소수는 집단의 이해를 대변하는 성격을 가지고 있을 수 있다. 두 번째 문제는 첨예한 갈등을 가지고 있는 문제들(생존권과 관련한 쓰레기 처리장, 골프장 건설 등)에서는 정상적인 공개토론회를 갖는 것이 불가능할 수도 있다. 이해관계자들의 첨예한 대립으로 토론과정에서 물리적인 사건들이 일어날 가능성이 있음에 대비하여야 한다. 이러한 지역사회 공개토론회의 대립 현상은 공청회에 참여하지 않은 많은 주민들의 실질적 의사가 반영되기 어렵다는 한계점이 있을 수 있다. 이것은 표본추출의 편향에 따른 한계로 참석자들의 의견이 극도의 흥분 상태에서 개진될 수 있다는 것에 반해 참석하지 못한 주민들의 의사는 전혀 반영되지 못한다는 단점을 안고 있다. 이러한 단점을 개선하기 위하여 특정 문제에 대한 소규모 회의를 여러 번 개최하거나 지역사회 내의 다른 장소, 다양한 대상층들의 참여 속에서 여러 번 회의를 개최할 수 있다.

(2) 전문가 및 주요 정보제공자 접근법

주요 정보제공자(key informant)는 지역사회 전반의 문제에 대해 잘 알고 있을 것으로 인정되는 사람들로서 지역의 통반장, 아파트 관리인, 동네 가게 주인, 기관의 서비스 제공자, 인접직종의 전문직 종사자, 지역 내의 사회복지단체의 대표자, 관련 공직자 등을 포함한다. 주요 장점은 비용이 적게 들고 표본추출을 쉽게 선정할 수 있으면서 지역사회의 실정을 꿰뚫고 있는 소수 집단을 대상으로 한다면, 오히려 지역주민에 대한 직접 서베이보다도 질 높은 욕구사정의 정보를 도출해 낼 수 있다는 점이다.

단점은 조사에 포함된 정보제공자들이 누가 되는지에 따라 수집될 정보의 내용이 크게 달라질 수 있다는 점이다. 따라서 의도적 표집으로 인한 편향현상을 피할 수 없게 된다.

(3) 사회지표분석

사회지표(social indicator)는 개인의 집합체의 어떤 면에 대한 계량적 측정치를 말한다. 예를 들면, 소득수준, 빈곤인구비율, 실업률, 영아사망률, 주택보급률, 범죄율, 공적부조 수혜자 수 등이다. 사회지표조사방법은 이러한 지역사회의 기존 통계를 이용하여 그 지역의 욕구를 파악하는 방법이다. 이 방법은 일정 인구가 생활하는 지역의 지역적, 생태적, 사회적, 경제적 및 인구적 특성에 근거하여 지역사회의 욕구를 추정할 수 있다는 전제하에 사회지표를 분석하는 것이다(Warheit, et al., 1978 : 240, 남세진 · 최성재, 2001 : 167 재인용). 이러한 사회지표는 지리적인 범위에 따라, 전국지표, 광역시 · 도, 시 · 군 · 구, 읍 · 면 · 동 또는 특정 지역지표 등으로 나누어질 수 있다.

특정 사회지표와 함께 필요로 하는 욕구 간의 인과관계보다는 관련성에 더 초점을 두는 조사방법이다. 예를 들어, 주택보급률, 공적부조 수혜자 수 혹은 실업률 등에 기초하여 그 지역사회가 필요로 하는 서비스의 내용을 달리할 수 있을 것이다. 사회지표조사는 무엇보다도 조사가 객관적이고 신속하며 저렴하다는 장점을 가지고 있다. 반면에 기존자료의 신뢰도와 타당도가 높지 않은 경우에 이를 조사자가 파악하지 못하고 진행했을 경우 문제가 된다. 또한 급격하게 변화되고 있는 현실에서 과거의 사회지표가 상당 시간 지난 경우 미래의 서비스 욕구를 제대로 반영하지 못할 수가 있음을 염두에 두어야 한다.

(4) 서베이

서베이(survey)는 조사대상 전체를 대표할 수 있는 일부(표본추출)를 선정하여 이들로부터 질문지 또는 면접을 통하여 자료를 수집하는 방법이다. 욕구조사에서 서베이는 지역사회의 일반인구 또는 특정 표적인구의 욕구를 조사하기 위하여 이들 전체인구를 대표할 수 있는 표본추출을 선정하여 이들이 생각하거나 느끼는 욕구를 조사하여 조사대상 전체의 욕구를 추정하는 것이다. 지역주민의 욕구를 조사하기 위한 서베이는 지역주민 전체를 모집단으로 둘 수도 있고, 잠재적 클라이언트의 가능성을 가진 특정 지역주민들을 대상으로 할 수도 있다.

욕구조사에서 자주 사용되는 설문조사는 크게 진단적(diagnostic) 설문조사와 의견(opinion)설문조사로 나누어진다. 진단적 설문조사는 개인 응답자가 스스로 필요하다고 인식하는 욕구를 탐색하는 것으로 반구조화된 면접법(semistructured interview)이 주로 이용된다. 예를 들면, 노인 청소년 혹은 특정 부류의 인구집단들이 개별적으로 필요로 하는 욕구의 내용을 조사하는 것이다. 이러한 개인적 욕구파악을 위해서는 숙련된 면접원을 필요로 한다. 다음으로 의견이나 태도를 조사하는 것으로 응답자 개인에 대한 질문보다는 자역사회에 대해 개인이 어떤 의견이나 태도를 가지고 있는지 조사하는 것이다. 여기에는 주로 구조화된 질문지를 이용하는 경우가 많다. 서베이의 장점은 실제적인 서비스 수혜자 혹은 잠정적인 수혜자가 인식하는 욕구를 직접 파악할 수 있고 표본추출을 통하여 대상자 전체의 욕구를 파악할 수 있다는 것이다. 단점은 비용이 많이 들고, 우편설문조사방법은 회수율이 낮으며, 대표성이 위협받을 수 있다. 또한 지역사회의 기대감을 상승시키는 효과를 초래할 수도 있다.

(5) 서비스 이용자 조사

서비스 이용자 조사는 과거 혹은 현재의 서비스 이용자들을 조사함으로써 미래의 서비스에 대한 욕구를 추론할 수 있다는 전제하에 행하는 조사방법이다. 지역사회에서 제공되는 서비스의 유형과 수량을 파악하고 구분하는 것이다. 만일 서로 비교할 수 있는 두 지역사회가 있다면, 대상 지역사회 내에 존재하는 표적집단의 크기나 그들의 특성은 비교지역사회(comparison community) 내의 표적집단의 크기 및 특성과 유사할 것이라고 가정하게 된다. 이 접근방법에서는 자료수집이 주로 비교지역사회에서 서비스를 제공하는 과정에서 만들어진 사례기록에 대한 2차 자료분석을 통해서 이루어진다. 예를 들면, 연령, 성별, 거주지역, 교육수준, 소득수준 등 일반적 사항들과 비교지역사회가 가지고 있는 문제, 제공한 서비스, 개입의 빈도, 접촉한 기간 혹은 클라이언트가 기관으로 방문하는 방법 등에 대해 분석함으로써 대상지역사회의 욕구가 무엇인지를 파악하는 것이다.

이 방법의 가장 큰 장점은 조사 연구가 신속하고 용이하게 이루어지며 비용이 들지 않는다는 점, 그리고 비강요적이라는 점이다. 단점으로는 표적집단 가운데에서 이미 서비스를 이용한 경험이 있는 일부의 사람들만을 평가하기 때문에 드러난 욕구(demand)에만 초점을 두게 되며 따라서 규범적 욕구(normative need)를 과소평가할 수 있다. 또한 비교지역사회 내의 서비스 제공을 파악하기 때문에 대상지역의 서비스 제공능력과 불일치될 가능성이 내재되어 있어 서비스 욕구의 수준이 과소평가되거나 현재 제공하는 방식이 대상지역에서는 적합하지 않을 수 있다. 특히 비교지역사회의 자료가 부정확한 기록 등의 이유로 신뢰성이 결여될 수 있다.

(6) 델파이조사

델파이조사는 1948년 미국 랜드연구소의 연구진에 의해 개발된 것으로 위원회나 전문가 토론, 혹은 다른 형태의 집단토론에서 나타나는 여러 가지 왜곡된 의사전달의 원천(소수인사에 의해 토론과정이 지배되는 현상, 동료집단의 견해에 따라야 한다는 압력, 개성 차이와 참여자들 사이의 갈등, 권위 있는 지위에 있는 사람들의 의견에 공공연하게 반대하는 데 따르는 어려움 등)을 제거하기 위해 고안되었다.

델파이기법은 어떠한 문제에 관하여 전문가들의 견해를 유도하고 종합하기 위하여 전문가들이 직접 모이지 않고 주로 우편이나 전자 메일을 통하여 의견을 수렴하는 것이 주된 특징이다.

델파이 기법의 기본 원칙은 ① 익명성으로 전문가와 참여자들은 익명성이 엄격하게 보장된 개인으로서 답변에 참여, ② 반복성으로 개개인의 판단은 집계하여 몇 회에 걸쳐 참가한 모든 전문가들에게 다시 알려주고, 이를 통해 사회학습의 기회를 제공하고 이전의 판단을 수정할 수 있게 하며, ③ 통제된 환류로 질문지에 대한 응답을 요약수치로 나타내어 종합된 판단을 전문가와 참여자들에게 전달하며, ④ 응답에 대한 통계처리를 개인들의 응답을 요약하여 최빈수, 중위수 또는 평균 등 중앙경향값, 사분편차 등 산포도, 막대그림표, 도수다각형 등의 도수분포의 형태로 제시하거나, ⑤ 전문가 합의를 통하여 예외는 있으나 전문가들 사이의 합의가 도출될 수 있는 조건을 마련하여 합의된 의견을 찾아내는 것이 이 기법의 주요 목표이다.

2. 사회복지 평가조사

프로그램 평가연구(evaluation research)는 사회복지정책과 사회복지실천프로그램의 계획, 관리, 실행, 효과성, 효율성 및 활용성에 대한 이해 증진을 목적으로 과학적 연구방법을 사용하여 행해지는 연구(김환준, 2004 : 256; Rubin & Babbie, 2001 : 561)라고 정의할 수 있다. 프로그램 평가연구는 사회사업가들이 실천현장에서 직면하는 다양한 문제(problems)를 해결하기 위해 행하는 사회복지조사연구와 같이 프로그램 평가 역시 개념적으로 사회복지상황과 문제들에 적용될 때 매우 유사한 측면이 있다. 프로그램 평가가 특정 조사방법이라기보다는 조사목적과 더 관련되어 있다는 이유 때문에 특정 조사방법이나 조사설계보다 조사목적의 함의에 더 초점을 두고 있다(Rubin & Babbie, 2001 : 561). 본 교재를 통해서 조사방법과 관련해서는 이미 많은 논의를 해왔다는 점을 상기할 필요가 있겠다.

1) 평가조사의 목적

평가조사의 목적은 다음 세 가지 이유를 들 수 있다.

먼저 프로그램 실시기관의 행정적 목적을 위해서 사용된다(김환준, 2004 : 256). 예를 들어, 자원을 제공한 주체가 요구하는 요건의 충족, 클라이언트 서비스의 향상 혹은 프로그램 전달체계의 효율성 증대와 같은 행정적 목적을 위해 평가조사를 하는 것이다(김태성 외, 2006 : 357). 때로는 사회복지공동모금회와 같은 외부 민간단체의 재정지원을 획득하기 위해서 프로그램의 필요성과 효과성에 대한 평가를 필요로 하는 경우도 있다(김환준, 2004 : 356).

두 번째로, 프로그램의 영향 또는 효과를 평가(impact assessment)하고자 하는 목적이다. 프로그램이 의도된 목표를 달성했는지가 일차적 관심이고, 이를 바탕으로 향후 프로그램을 확대할 것인지, 수정 또는 폐지할 것인지를 결정할 수 있게 된다(김환준, 2004 : 256).

끝으로 이론개발(theory building)을 목적으로 평가조사를 하는 경우이다. 사회과학 지식의 확대에 기여할 목적으로 평가조사를 행하는 것이다. 프로그램 방법에서부터 결과에 이르는 경로를 검토, 확인, 검증하게 된다. 검증결과 타당성이 있는 것으로 확인된 가설들은 이론으로 발전되고 그렇지 못한 경우는 수정하는 데도 기여하게 된다(남세진 · 최성재, 2001 : 172).

2) 프로그램 평가를 위한 기준

사회복지프로그램의 평가에 있어 사회복지의 철학적 그리고 윤리적 기반에 부응하는 평가기준을 설정하는 것은 매우 중요하다고 볼 수 있다. 사회복지가 추구하는 가치 또는 사회복지사가 추구하는 사회변화에 대한 의지 등을 모두 담고 있는 평가기준을 설정하는 것은 사회복지학이 추구하는 사회적 약자들의 삶의 질을 향상시킬 수 있는 목적에 부응하는 기준 그리고 사회문제 또는 사회적 욕구에 대한 효과적인 응답을 위한 기준으로서 나타나야 한다는 점이 지적될 수 있다. 따라서 사회복지프로그램의 평가를 위한 기준은 첫째,

평가기준들이 사회복지의 가치에 우선적으로 적합한가를 살펴보아야 한다. 둘째, 프로그램 평가의 중요성을 인식시켰던 책임성의 시대에 적합한 프로그램 평가를 위한 그 사회 또는 그 지역의 정치경제적 조건에 부합하는 조건이어야 한다는 점이다. 즉, 사회프로그램의 평가기준을 위해서 사회복지적 가치와의 합치성과 정치경제적 상황이라는 두 조건의 거래(trade-off)가 중요한 부분을 차지하며 이 두 조건 사이에서의 거래는 상호 호혜적 입장에서 이루어져야 한다는 점이 지적될 수 있다. 사회복지적 가치만이 강조되다 보면 효율성 내지는 효과성이라는 프로그램의 경제성에 대한 문제점이 부각될 것이며, 정치경제적 조건만이 강조되다 보면 적절성이나 평등성, 형평성에 큰 문제점을 나타내게 될 것이기 때문이다. 결과적으로 사회복지 가치의 실현을 평가할 수 있는 기준인 평등성과 경제적 가치를 대변하는 효율성 사이에 거래가 일어나게 되는 것이다. 따라서 프로그램 평가를 위한 기준들 사이의 거래는 평등성, 적절성, 형평성 그리고 효과성 사이에 적절하게 정치·경제적 상황에 따라 제공되는 프로그램의 성격과 내용에 따라 이루어지게 된다(지은구, 2005 : 278-282).

3) 평가조사의 유형

평가조사는 그 기준에 따라 여러 가지 유형으로 구분할 수 있다. 먼저, 분석단위를 기준으로 하면 임상평가조사(clinical evaluation research)와 비임상평가조사(nonclinical evaluation research)로 구분할 수 있다. 임상평가조사는 특정 질병이나 장애를 가진 개인에게 행해진 개입을 평가하는 것으로 분석단위가 개인이 된다. 이에 반해 비임상평가란 공통의 문제를 가진 집단을 대상으로 행해진 프로그램의 효과를 평가하는 것이다. 예를 들면, 공공부조 프로그램, 공공의료 프로그램, 방과후 아동교육 프로그램 등과 같이 집단 전체에 영향을 미치는 프로그램들이다(Ellis, 1994; 김태성 외, 2006 : 358).

둘째, 평가의 주체에 따라 내부평가(inside-evaluation)와 외부평가(outside-evaluation)로 구분될 수 있다. 내부평가는 프로그램의 결정·집행을 담당하고 있는 사람들이나 또는 같은 조직체 내의 다른 구성원이 행하는 평가이다. 외부평가는 프로그램을 수행하는 조직체가 아닌 대학전문교수, 조사연구기관 등의 제3자가 행하는 평가이다. 두 가지의 방법이 모두 장단점이 있으므로 신뢰성, 객관성, 프로그램에 대한 이해, 이용목적, 자율성 등을 감안해서 적절한 것을 선택해야 할 것이다(Weiss, 1972 : 20, 남세진·최성재, 2001 : 172 재인용).

내부평가에서 만일 프로그램 평가자가 평가대상이 되는 프로그램을 운영하는 기관에서 일하는 사람인 경우, 그 평가자를 내부평가자(inhouse evaluators)라고 한다. 내부평가자는 외부평가자에 비해 여러 가지 장점을 갖는데 프로그램 관련 정보 및 관계자들과 보다 자주 접촉할 수 있으며, 또한 평가연구의 설계에서나 혹은 평가결과의 해석에서 염두에 두어야 하는 여러 가지 사항들에 대한 지식을 더 많이 가지고 있을 수 있다. 또한 프로그램 운영자들로부터 신뢰감을 얻기가 쉽기 때문에 많은 협조와 도움이 될 만한 정보를 제공받을 수 있다. 반면에 내부평가자들은 지신들이 일하는 기관의 프로그램에 대한 애착이나 상급자와의 관계, 자신의 승진 등을 고려하게 됨에 따라 평가에서 외부평가자에 비해 객관적이지 못하거나 독립적이지 못할 수 있다(A. 루빈·E. 바비, 성숙진·유태균·이선우, 2001 : 596-597).

그렇다고 외부평가자라고 해서 절대로 주관적이지 않다고 생각할 수만은 없다. 외부평가자가 양질의 평가를 하기 위해서는 평가자와 프로그램 간의 관계의 질적인 면과 이러한 것에 근거하여 평가자가 프로그램 운영자들과 원만한 관계를 형성하여 협조를 얻어낼 수 있을 가능성이 있는가의 여부에 달려 있기 때문에 주관성이 개입할 여지는 충분하다. 또한 외부평가자라고 해서 항상 더 객관적이라고 생각해서는 안 된다. 예를 들어, 프로그램의 재정지원 주체가 프로그램을 중단시키고자 한다면 부정적인 평가결과를 필요로 할 것이다. 이와 반대로 아주 객관적이고 훌륭한 평가연구라고 하더라도 그 연구가 프로그램에 대해서 몇 가지 중요하지 않은 문제점을 지적하는 경우에도 불구하고 그런 지적이 혹시라도 프로그램에 대한 재정지원에 어떤 악영향을 주지 않을까 우려하는 프로그램 관계자들은 심한 반발을 보이기도 한다.

아마도 이러한 현상들은 프로그램 관계자들 또한 사람들에게 도움을 줄 수 있는 프로그램을 위해 나름대로 어렵게 재원을 끌어 모아야 하기 때문이고 보다 많은 재정적 지원을 통해 그러한 프로그램들을 개선하고 발전시켜 나아가야 한다고 믿기 때문이다. 부정적인 평가결과는 바로 개선의 기회보다는 재정의 중단을 의미하기 때문이다. 물론 이를 비판적으로 보는 사람들은 프로그램 관계자들이 재정상태를 증진시켜 자신의 일자리를 보전하는 데에 관심이 있다고 본다. 이 두 관점은 모두 어느 정도 사실이라고 말할 수 있다(A. 루빈 · E. 바비, 성숙진 · 유태균 · 이선우, 2001 : 597-598).

끝으로 연구의 목적에 따라 형성평가(formative evaluation)와 총괄평가(summative evaluation)로 구분할 수 있다. 총괄평가는 프로그램 운영이 끝날 때 행해지는 평가로서 평가의 결과를 성질이 비슷한 다른 프로그램, 상황, 또는 대상에 대하여 일반화시키려는 것이다. 반면에 형성평가는 프로그램 운영 도중에 이루어지는 조사로서 계속되는 프로그램을 수정 · 보완하기 위하여 이루어지는 조사이다(남세진 · 최성재, 2001 : 172). 여기에는 흔히 프로그램 '평가'라고 하면 프로그램이 제대로 시행되었는가, 효과가 있는가, 목적을 달성하였는가 등 프로그램의 결과를 분석하는 데 초점을 맞추고 있는 것으로 생각하기 쉽지만, 프로그램의 필요성을 인식하고 문제해결에 알맞은 프로그램을 계획하는 것 또한 매우 중요한 과정이라는 점(김환준, 2001 : 258)을 고려해 두어야 한다. 총괄평가(summative evaluation)에서 사용되는 특별한 형태의 연구설계로서 공공회계(social audits)와 비용-편익(cost-benefit)분석, 그리고 비용-효과(cost-effectiveness)분석을 들 수 있다(김태성 외, 2006 : 362-363).

CHAPTER

12 보고서 작성

1. 요 약
2. 서론 및 연구문제
3. 연구방법
4. 연구내용
5. 분석과 해석
6. 결 론

CHAPTER

12 보고서 작성

자료의 분석과 해석이 끝나고 나서 마지막단계로 연구보고서를 작성하게 되는데, 여기에는 몇 가지 주의를 기울여야 하는 사항들이 있다(성숙진 · 유태균 · 이선우, 2001 : 639-641).

첫째, 보고서를 읽는 대상자, 즉 독자에 대한 설정이다. 다른 말로 누가 이 보고서를 읽게 될 것인지를 자문해 보아야 한다. 독자층에 대한 설정이 없이는 적절한 용어선택이 어렵고, 전문적 용어의 기술에 관련된 문제를 해결할 수 없다. 사회복지전문가를 대상으로 하는지, 사회복지서비스를 받고 있는 클라이언트를 대상으로 하는지 등 보고서를 읽는 대상자의 명확한 설정은 그만큼 보고서의 이해도를 높이고 설득력을 높여주는 결과를 갖게 된다.

둘째, 보고서의 형식과 길이를 고려하는 것이 필요하다. 학술보고서는 대략 15~20쪽 정도의 분량(A4)을 초과하지 않는 것이 좋다. 대체로 논문 편당 지면이 제약되어 있기 때문이다. 또한 논문의 구성과 형식이 매우 엄격하게 제시되어 있다. 학술지의 경우 저자의 표기와 각주 등에 대한 표기법을 통일하고 있다. 따라서 학술지의 특성에 따라 제시하고 있는 지침을 잘 숙지하여 구성과 형식을 갖추는 것이 필요하다. 연구조사자들은 연구의 후원자들을 위해 조사보고서를 작성하기도 하는데 이런 경우 별도의 보고서를 준비할 필요가 있을 수 있다. 이때는 처음에 프로젝트를 후원한 이유를 염두에 두고 있어야 한다. 후원자들에게 흥미를 주지 못하거나 가치가 없는 연구결과를 가지고 후원자들을 싫증나게 만드는 것이 정치적으로 좋지 못할 수 있다. 그리고 가급적이면 연구조사가 과학적 지식을 발전시켰다면 이에 대해 요약하는 것이 좋다.

셋째, 보고서의 목적(purposes)을 고려해야 한다. 보고서는 관심주제를 탐색(exploration)하는 데 초점을 둘 수 있다. 이 목적에는 결론의 임시성과 불완전성이 내재되어 있다. 연구자는 독자들에게 연구의 탐색적 목적을 분명하게 지적하고, 이 프로젝트의 단점을 지적해야 한다. 탐색적 보고서의 또 다른 측면은 주제에 대한 더 세련된 연구조사 방법을 지적하는 것이다. 다음은 기술적(descriptive) 목적을 가지고 있는 경우이다. 연구자는 독자들에게 표본추출에만 적용되는 기술과 모집단으로 추론할 수 있는 기술을 주의 깊게 구분해야 한다. 끝으로 일부 조사연구보고서는 행동을 제안하는(proposing action) 목적을 가지고 있다. 연구자의 제안서가 개인적 가치에 의해 동기부여를 받는 것은 완벽하게 합법적이지만 제안하는 구체적인 행동은 자료에 의해 정당화되어야 한다.

넷째, 간결하고 명확한 표현을 사용하는 것이 좋다. 자신의 의견을 쉬운 말로 설명하는 데 부끄러움을 느낄 필요는 조금도 없는 것이다(Leggett, et al., 1965; 김환준, 2004 : 279).

보고서의 구성은 다음과 같이 정리될 수 있다(김환준, 2004 : 279-292; 성숙진 · 유태균 · 이선우, 2001 : 647-651).

1. 요 약

연구의 목적과 분석의 주요 결과에는 짧은 문장으로 시작하는 것이 독자들로 하여금 보고서의 핵심을 쉽게 파악하도록 하는 데 도움을 준다. 논문이나 학술지 논문에서 이 요약은 초록(abstract) 또는 개요(synopsis)의 형식을 취하는 경우도 있다(성숙진 · 유태균 · 이선우, 2001 : 642). 학술보고서의 논문은 대체적으로 반 페이지 정도의 분량을 차지하는데 정책개발의 기초자료로 활용되는 연구보고서에서는 정책적 함의를 중심으로 수 페이지 이상의 비교적 긴 요약문이 제시되는 경우가 많다(김환준, 2004 : 280).

2. 서론 및 연구문제

서론은 논문 또는 연구보고서의 첫 번째 절에 해당한다. 여기에는 연구목적, 선행연구, 연구의 한계점, 이론적 배경 등이 포함된다.

3. 연구방법

연구의 구체적 방법에 대한 서술을 하는 것으로서 설문조사의 경우 주요 개념적 정의와 조작적 정의를 담은 가표제시, 변수의 측정방법 및 측정의 타당성, 연구설계방법, 표본추출방법과 표본추출 크기, 자료수집방법, 응답률 및 자료처리, 분석의 방법 등에 관한 구체적 서술이 포함된다.

4. 연구내용

가설, 주요 변수, 개념적 정의와 조작적 정의들을 포함하여 연구의 핵심 과제와 과정들을 독자들이 이해하기 쉽도록 정리하는 것이 중요하다.

5. 분석과 해석

적절한 통계분석기법이 사용되었는지, 필요한 모든 분석을 했는지, 제3의 외재변수에 의한 허위관계일 가능성은 없는지, 유의성 검증과 해석이 올바르게 이루어졌는지 등에 대한 검토를 포함한다. 또한 자료의 제시, 자료의 조작 및 해석은 논리적인 전체로 통합되어야 한다. 최초의 연구목적과 개념적 정의와 조작적 정의에 근거하여 측정된 자료들에 대한 분석과 해석이 이루어져야 하는데, 특히 분석과 해석에서 제시한 자료와 논리가 일치되어야 한다. 실제로 발견한 것 이상의 결론이나 함의를 이끌어 내고 있지는 않은가에 대해 검토해야 한다. 또한 연구결과에 대한 매우 핵심적 사항들을 중심으로 도표나 그래프를 활용하여 명확하게 제시되어야 하고 그 의미를 해석해야 한다.

6. 결 론

연구의 주요 내용과 발견사항을 요약, 정리하고 그것이 갖는 함의를 모색하며 연구의 한계와 후속연구를 위한 제언이 제시된다. 연구목적에 근거하여 연구결과를 보고하고 있는지, 중요한 발견사항이 모두 포함되어 있는지, 이것에 대한 함의가 적합하게 도출되었는지 등을 검토하는 것이 필요하다.

참 / 고 / 문 / 헌

권육상 외(2008). 사회복지조사방법론. 서울 : 청목출판사.

김귀환 외(2005). 사회복지조사방법론. 서울 : 나눔의 집.

김동욱 외(2007). 통계학 개론. 경기 : 박영사.

김두섭 역(2004). 질적 연구방법론. 경기 : 나남출판.

김병진 · 소재진(2006). 사회복지조사방법론. 경기 : 법문사.

김영종(2007). 사회복지조사론. 서울 : 학지사.

김정우 · 양심영(2007). 사회복지조사방법론. 경기 : 양서원.

김태성 · 김기덕 · 이채원 · 홍백의(2006). 사회복지조사방법론. 서울 : 청목출판사.

김환준(2004). 사회복지연구조사방법론. 경기 : 나남출판.

남세진 · 최성재(2001). 사회복지조사방법론. 서울 : 서울대학교출판부.

박성희(2004). 질적 연구방법의 이해 : 생애사 연구를 중심으로. 서울 : 원미사.

배득종 · 이영숙(2005). 통계학 헤드스타트. 서울 : 박영사.

배병렬(2006). LISREL 구조방적식모델. 서울 : 청람.

성숙진 · 유태균 · 이선우 공역(A. 루빈 · E. 바비)(2001). 사회복지연구조사방법론. 경기 : 나남출판.

신경림 역(2001). 현상학적 연구. 서울 : 현문사.

________(Strauss, A., & Corbin, J.)(2001). 근거이론의 단계. 서울 : 현문사.

신경림 · 조명옥 · 양진향 외(2004). 질적 연구방법론. 서울 : 이화여자대학교출판부.

신일철 · 신중섭 역(앨런 F. 차머스)(1977). 현대의 과학철학. 서울 : 서광사.

______________(앨런 F. 차머스)(2001). 현대의 과학철학 Ⅱ. 서울 : 서광사.

신중섭(1977). 포퍼와 현대의 과학철학. 서울 : 서광사.

양정하 · 황인옥 · 윤성호 · 이인숙 · 김태준(2006). 사회복지조사방법론. 경기 : 공동체.

원석조(2008). 사회복지발달사. 경기 : 공동체.

유태균(2008). 사회복지자료분석의 기초원리. 경기 : 공동체.

윤택림(2004). 문화와 역사 연구를 위한 질적 연구방법론. 서울 : 아르케.

이만갑 · 한완상 · 김경동(1980). 사회조사방법론. 서울 : 진명출판사.

이종원(2007). 경제경영통계학(제3판). 서울 : 박영사.

이종환(2008). SPSS를 이용한 조사방법 및 통계분석의 이해와 적용. 경기 : 공동체.

이효선 역(2005). 사회복지실천에서의 구술사 : 조사 사정 그리고 개입. 경기 : 양서원.

이효선(2005). 사회복지실천을 위한 질적 연구 : 이론과 실제. 경기 : 학현사.

______(2005). 질적 연구 : 해석과 이해. 경기 : 학현사.

이희봉 역(2000). 문화탐구를 위한 참여관찰방법. 서울 : 대한교과서주식회사.

제니퍼 메이슨(2005). 기두섭 역. 질적 연구방법론. 나남출판.

지은구(2005). 사회복지 프로그램 개발과 평가. 서울 : 학지사.

채구묵(2007). 사회복지조사방법론. 경기 : 양서원.

채서일(1994). 사회과학조사방법론. 경기 : 학현사.

토마스 쿤(2007). 김명자 역. 과학혁명의 구조. 서울 : 까치.

토마스 쿤・포퍼・라카토스 외(2002). 조승옥・김동식 공역. 현대과학철학 논쟁－쿤의 패러다임 이론에 대한 옹호와 비판. 서울 : 아르케.

황성동(2006). 사회복지조사방법론. 서울 : 학지사.

Kocca(2013). 게임이용자 패널연구 예비조사. 한국콘텐츠진흥원.

Admas, G. R., & Schvaneveldt, J. D.(1985). *Understanding Research Methods*. New York : Longman.

Alan Bryman(2008). *Social Research Methods*(3rd ed.). Oxford : Oxford Univ.

Anastas, J., & MacDonald, M.(1994). *Research Design for Social Work and Human Services*. New York : Lexington Books.

Anatas, J.(1999). *Research Design for Social Work and the Human Services*(2nd ed.). New York : Columbia University Press.

Angrosino, M. V.(1989). *Documents of Interaction : Biography, Autobiography, and Life History in Social Science Perspective*. Gainesville : University of Florida Press.

Babbie E.(2001). *The Practice of Social Research*(9th ed.). New York : Thomson Learning.

Bailey, K. D.(1978). *Methods of Social Research*. New York : Free Press.

___________(1982). *Methods of Social Research*(2th ed.). New York : Free Press.

Beeman, S.(1995). Maximizing credibility and accountability in qualitative data collection and data analysis : A social work research case example. *Journal of Sociology and Social Welfare*, *22*, 99-114.

Campbell, D., & Stanley, J.(1963). *Experimental and Quasi-Experimental Design for Research*. Chicago : Rand McNally & Company.

Cole, A.(1994, April). Doing life history research in theory and in practice. Paper prepared for the annual meeting of the American Educational Research Association. New Orleans, LA.

Creswell, J. W.(1994). *Research Design : Qualitative and Quantitative Approaches*. Thousand Oaks, CA : Sage.

Creswell, J. W., & Brown, M. L.(1992). How Chairpersons Enhance Faculty Research : A Grounded Theory Study. *Review of Higher Education*, *16*(1), 41-62.

Denzin, N. K.(1989). *Interpretive Biography*. Newbury Park, CA : Sage.

Garner, D.(1991). Interpreting. In M. Ely(with M. Anzul, T. Friedman, D. Garner, & A. M. Stienmetz), *Doing Qualitative Research : Circles within Circles*(pp. 139-178). London : Falmer.

Goetz, J., & LeCompte, M.(1984). *Ethnography and Qualitative Design in Educational Research*. Orlando, FL : Academic Press.

Hadley, R., & Mitchell, L.(1995). *Counseling Research and Program Evaluation*. Pacific Grove : Brooks/Cole.

Heibrun, C. G.(1988). *Writing a Woman's Life*. New York : Ballantine.

Hepworth, Rooney, & Larsen(2004). 허남순・한인영・김기환・김용석 공역. 사회복지 실천이론과 기술. 서울 : 나눔의 집.

Janesick, V. J.(1994). The dance of qualitative research design : Metaphor, methodology, and meaning. In N. K. Denzin, & Y. S. Lincoln(Eds.), *Handbook of Qualitative Research*(pp. 209-219). Thousand Oaks, CA : Sage.

John, W. Creswell(2006). 조흥식 외 공역. 질적 연구방법론. 서울 : 학지사.

Kreuger, L. W., & Neuman, W. L.(2006). *Social Work Research Methods*. Pearson.

Lofland, J., & Lofland, L.(1995). *Analyzing Social Setting : A Guide to Qualitative Observation and Analysis*(3rd ed.). Belmont, CA : Wadsworth.

Marlow, C.(2001). *Research Methods for Generalist Social Work*. Belmont, CA : Wadsworth/Thomson Learning.

Mayer, R., & Greenwood, E.(1980). *The Design of Social Policy Research*. New Jersey : Prentice-Holl.

Miller, D.(1983). *Handbook of Research Design and Social Measurement*(4th ed.). New York : Longman.

Monette, D. R., Sullivan, T. J., & DeJong C. R.(2002). *Applied Social Research : Tools for the Human Services*(5th ed.). Harcourt College Pub.

Nachmias, D., & Frankfort Nachmias, C.(1992). *Research Methods in the Social Sciences*(4th ed.). New York : St. Martin's Press.

Plummer, K.(1983). *Documents of Life : An Introduction to the Problems and Literature of a Humanistic Method.* London : George Allen and Unwin.

Rubin, A., & Babbie, E.(1997). *Research Methods for Social Work*(3rd ed.). Pacific Grove : Brooks/Cole.

____________________(2001). *Research Methods for Social Work*(4th ed.). Wadsworth/Thomson Learning.

S. Stainback, & W. Stainback(2003). 김병하 역. 질적 연구의 이해와 실천. 서울 : 한국학술정보(주).

Sharan, B. Merriam(2005). 강윤수 외 공역. 정성연구방법론과 사례연구. 서울 : 교우사.

Smith, L. M.(1994). Biographical method. In N. K. Denzin, & Y. S. Lincoln(Eds.), *Handbook of Qualitative Research*(pp. 286-305). Thousand Oaks, CA : Sage.

Thyer, B.(2001). *The Handbook of Social Work Research Methods*. Thousand Oaks : Sage.

저/자/약/력

■ **최성철**
원광대학교 사회복지학 박사
숭실사이버대학교 · 원광대학교 시간강사
전북대학교 법학과 박사과정

■ **이창화**
계명대학교 사회학박사
서울시복지재단 책임연구원
국민대학교, 시립대학교, 을지대학교 외 출강
현 경복대학교 복지행정과 교수
남양주시 북부희망케어센터 운영위원

사회복지조사론

|공저자| 최성철 · 이창화

|1판 1쇄| 발행 2023년 12월 15일
|1판 2쇄| 발행 2025년 9월 5일

|발행인| 김동훈
|발행처| 공동체

|주소| 경기도 고양시 일산동구 호수로 358-39, 동문타워 I 905호(백석동)
|전화| 031) 814-3000(대표)
|팩스| 031) 814-3100
|홈페이지| http://www.compub.co.kr
|전자우편| compub@naver.com
|출판등록| 2005년 10월 6일
|등록번호| 제396-2005-36호

|ISBN| 979-11-6725-521-1
정가 17,000원